THE BELT AND ROAD INITIATIVE
AND CHINA'S NEW
INTERNATIONAL LOGISTICS STRATEGY

“一带一路”与中国国际物流新战略

杨 蓉 童年成◎主编

中国经济出版社
CHINA ECONOMIC PUBLISHING HOUSE
·北 京·

图书在版编目（CIP）数据

“一带一路”与中国国际物流新战略/杨蓉，童年成主编．
北京：中国经济出版社，2016.12（2024.1 重印）
ISBN 978－7－5136－4527－0

Ⅰ.①一… Ⅱ.①杨… ②童… Ⅲ.①国际物流—经济发展
战略—研究—中国 Ⅳ.①F259.1

中国版本图书馆 CIP 数据核字（2016）第 298040 号

策划编辑　崔姜薇
责任编辑　张　博　郭书芳
责任审读　贺　静
责任印制　马小宾
封面设计　任燕飞装帧设计工作室

出版发行　中国经济出版社
印 刷 者　三河市同力彩印有限公司
经 销 者　各地新华书店
开　　本　710mm×1000mm　1/16
印　　张　13
字　　数　190 千字
版　　次　2016 年 12 月第 1 版
印　　次　2024 年 1 月第 2 次
定　　价　50.00 元
广告经营许可证　京西工商广字第 8179 号

中国经济出版社 **网址** www.economyph.com **社址** 北京市东城区安定门外大街 58 号 **邮编** 100011
本版图书如存在印装质量问题，请与本社销售中心联系调换（联系电话：010－57512564）

前言
Preface

2013年9月和10月，习近平主席访问哈萨克斯坦和印度尼西亚时，先后提出共建“丝绸之路经济带”和“21世纪海上丝绸之路”的倡议；2014年12月，中央经济工作会议将“一带一路”上升为国家战略。

“一带一路”倡议涉及方方面面，其中，国际物流战略是其重要内容之一，从专业角度加强理论研究和交流探讨，推动“一带一路”倡议科学实施，十分必要。

为此，北京师范大学珠海分校物流学院、中国流通经济杂志社、南方物流研究院三家单位决定联合举办“一带一路”与我国国际物流新战略学术研讨会，于2015年10月24日在广东省珠海市召开，以此推动社会各界交流探讨“一带一路”倡议涉及的国际物流理论与实践问题，凝聚共识，为政府决策和企业拓展新的发展空间提供指导与参考。

在分析“一带一路”倡议提出的地缘背景时，有专家指出：第一，这个地方有重要的战略资源——石油。第二，它具有独特的地缘政治地位。国际政治学家对欧亚大陆的独特的政治地缘、经济地缘曾给予过非常精彩的描述。英国著名的地理学家和战略学家麦金德在他的《历史的地理枢纽》一书中，阐述了欧亚大陆是世界的枢纽地带、心脏地带。他告诫英国政府，不要一味地采取海洋战略，要有大陆战略，要利用陆权。布热津斯基也曾指出，欧亚大陆是最重要的地缘政治目标、地缘政治中轴。布热津斯基这句话像一个咒语一样念在世界各国政治家的头上。所以，各国政治家都趋之若鹜地奔向欧亚大陆，制定自己的战略。

在分析“一带一路”倡议提出的时代背景及其重要意义时，有专家指出：“一带一路”倡议是我国融古通今、把握时局、将国际和国内两个大局有机结合，并在国际博弈中“合纵连横”的一个大战略，是化解当前我国经济困局的一条重要出路。该战略的实施涉及地缘政治与地缘经济、国际经济合作关系、地区安全以及大国关系等诸多问题。

同时，也有专家指出，“一带一路”倡议的提出，说明中国社会经济的发展在国际上已经具有了一定实力，具有了一定的基础，没有一定的底气是提不出“一带一路”倡议的。

关于“一带一路”的内涵，有专家从历史角度总结指出：2100多年前，中国汉代的张骞两次出使中亚，开启了中国同中亚各国友好交往的大门，开辟了一条横贯东西、连接欧亚的丝绸之路。千百年来，在这条古老的丝绸之路上，各国人民共同谱写出千古传诵的友好篇章。19世纪70年代，德国的地理学家李希霍芬提出了丝绸之路思想和这个讲法，他把公元前114年至公元127年近两个半世纪开辟的，经西域将中国与中亚的阿姆河—锡尔河地区以及印度连接起来的丝绸贸易道路命名为“丝绸之路”。广义的丝绸之路有两个概念，一个是陆上丝绸之路，一个是海上丝绸之路。

有关“一带一路”内涵，也有专家指出：除了习近平主席讲的“五通”（政策沟通、设施联通、贸易畅通、资金融通、民心相通）和“一带一路”合作框架白皮书里阐述的两大网络五个通道外，还应强调一种精神两大功能：一种精神是丝路精神，包容共建、共同发展、互利共赢。两大功能是商贸物流通道功能和文化交流通道功能。

关于“一带一路”倡议目标，有专家从大国崛起所走的国际化道路角度进行了分析，认为："英国崛起所走的主要是一条所谓贸易全球化道路，是一条靠掠夺世界资源的殖民主义道路"；"美国崛起所走的是一条以资本扩张为本质的霸权主义道路"。而中国提出"一带一路"倡议，将走的是一条完全不同的全球化道路，是一条"平等合作、优势互补、共赢共享的全球化道路"，是一条构建人类命运共同体的王道。

也有专家从国际合作角度对"一带一路"倡议目标进行了分析，认为：习近平主席是在国外提出这个倡议的，是一个国际经济合作倡议。当前，中国与新兴经济体的崛起改变了世界政治经济格局，全球金融危机之后，世界经济格局进入了一个深度调整过程，经济竞争已经处于白热化状态。中国是世界第二大经济体，第一大货物贸易进出口国和第三大资本输出国，是全球130多个国家的第一或者第二大贸易伙伴。因此，在全球经济秩序的形成过程中，怎样维护自身利益，已经是一个非常迫切的任务。要维护自身的利益就要求在秩序形成过程中拥有话语权，要有话语权就要主动提出自己的倡议，"一带一路"倡议就是我们主动提出来的一个国际合作倡议。

为适应全球及区域经济一体化新趋势，特别是全球金融危机之后，为了摆脱危机，各国都在寻找新的出路。发达国家把推进区域经济一体化作为摆脱危机的一个非常重要途径（如TPP、TTIP这种高水平的自由贸易区形式）。对于中国来讲，参加TPP难度非常大，因为它提出了关于劳工标准、新的知识产权标准、环境标准和竞争政策，中国目前的发展水平和我们的企业难以承受这种开放的压力。但是如果我们不参与，在全球形成新的贸易秩序之后，我们就会被边缘化。如果TPP、TTIP形成之后，中国无异于第二次"入世"（加入世贸），面临的挑战是巨大的。在这种形势下，我们提出"一带一路"倡议。"一带一路"是一个泛区域经济合作，涉及64个国家，是一种新的国际合作模式。这种合作模式与TPP不同的地方在于，美国搞的区域合作，首先要制定规则和一个很高的标准。而我们搞“一带一路”没有标准，也没有门槛。任何一个国家在“带”上的，不在“带”上的，在“路”上的，不在“路”上的，只要你想参与，都可以在这个平台上找到一种适合你的合作与发展机会。

有关“一带一路”倡议的现实作用，有专家指出，可以从三个方面理解：第一，维护国家能源资源安全。我国现在进出口货物的60%和进口原油的80%是走马六甲海峡和霍尔木兹海峡，一旦路上出现了问题，我们的进出口货物、进口原油这条通道就会被断掉，国家的经济安全就难以维护。所以，我们必须另辟道路，这就是要打通开阔的陆上通道，形成陆海互动，提高安全系数。第二，周边外交战略问题。我们国家现在周边外交形势严峻，周边在大国崛起过程中非常重要，我们提出周边外交战略之后，一定要有周边经济作支撑，那么“一带一路”就是周边经济战略。第三，推动经济对外开放以破解发展难题。未来通过扩大对外开放，为转型升级创造条件，“一带一路”绝大部分国家属于新兴经济体、发展中国家，处在工业化进程之初或者工业化进程之中，它的经济增长空间很大。

专家指出：“一带一路”倡议的实施不会一帆风顺，会面临这样或那样的挑战，但“一带一路”是实现中国梦的重要依托，在当前全球格局处于调整机遇期内，我们要充分利用发展机遇，最终赢得“一带一路”的辉煌，在人类历史上谱写新的篇章。

为适应“一带一路”建设需要，有专家提出了构建我国国际供应链思路的框架：①国家供应链战略一定要做好布局。布局是供应链的前提。从市场来讲，首先是欧洲，然后有南亚，特别是南亚，未来世界最大的市场在这里。布局很重要，包括市场布局、资源布局、物流布局，至少要有这三个方面的布局，而且这个布局不是孤立的，是市场、资源和物流整体安排，才能把布局做得好。②整合。供应链很重要的内容就是要对全球资源进行重新整合，包括市场资源、产能资源、物流资源等进行整合，整合的目的是什么？不是像英国人、美国人那样，整合完了就掌握在自己手里。整合的目的是要实现全球化进程中的便利化，把便利化做到极致，这才是整合的目的。③共享。好的供应链一定是共享的，不是我们一个国家占有，是不同国家、不同种族等都能共享我们这个供应链；同时供应链不是单向的，我国的产能和产量通过供应链输出去，也要通过这个供应链把我们需要的、国外能够支持和提供的产能、产品更好地“引”进来。④共赢。共赢是两个概念，一是供应链要创造出新的价值，才有共赢的资本，不是简单地把已有的业务、贸易、已有的什么东西简单地搬到这个供应链上来，而是要通过这个供应链和全球各个国家一起创造出新的价值。二是在创造出新价值的前提下，和全球的各个国家一起来共享新的价值。⑤安全可持续。当然有绿色、质量安全等意思，但供应链的安全是构建可控的全球化供应链的持续治理体系，包括国际政治体系、经济贸易与金融体系。从理念上来讲，在“一带一路”倡议下，国家供应链战略应该是一个“包容、开放、高效、有序、共享共赢、安全可持续”的供应链。这就是我们在未来的“一带一路”倡议下所需要的国家供应链战略。

为适应“一带一路”建设的需要，如何进行我国国际物流体系特别是境内物流体系的国际协调，有专家运用集成场理论指出：物流业作为基础性、战略性产业，具有衔接性、渗透性、服务性等基本特点，而“一带一路”倡议的实施，必将加强全球性经贸与物流联系，并进一步为物流业转型升级带来极大的机遇。为更好地提高国家跨境物流服务质量与运作效率，降低我国向西开放的国际物流网络成本，推动跨境产业联动发展，应基于“一带一路”倡议布局，遵循国际物流主通道物通量对称平衡机理，将处于国家地理中心的国际物流枢纽作为内陆型国际中转枢纽，并与境外地位同等重要的国际物流枢纽间形成国际物流主通道网络，即跨境国际物流通道网络。同时，注意培育或引进跨境物流集成体，组织好跨境物流链的物流业务种类、规模和实现方式；关注始发国际枢纽港和终到国际枢纽港的场源建设，提升内陆型国际枢纽基核的物流集成引力；关注境内地理中心、采购中心、制造中心、配送中心、金融中心与跨境内陆型国际中转枢纽功能的对接和集聚，形成新的场源，增强跨境物流集成引力。此外，还要运用知识链在联接键设计与构建方面进行持续创新。

为适应21世纪“海上丝绸之路”的建设需要，有专家提出了珠海港未来建设思路：第一，要加强临港物流园区的规划建设，改善港口物流服务功能，提升港口的竞争力。珠海港现在已经初步形成了高栏港液体化工品物流园区、煤炭物流园区、钢材仓储加工物流园区等，现在它需要进一步加快对这些已初步形成的物流园区进行一个总体规划，最重要的是目前以推动申报高栏港综合保税区为重点，推进钢材、煤炭、液体化工品等物流园区的建设，加快构建全港“5+1”的现代物流临港体系。第二，以珠江、西江经济带发展规划为契机，完善珠海港水运集疏运网络。珠海的地缘优势是客观摆在那里的，高栏港是西江、珠江航道最重要的港口，是两江经济带最重要的节点。珠海与港澳的联系非常紧密，珠海市经济发展及珠海港口经济发展都与西江上游地区经济密切相关，所以这两个市场的衔接，一定会给珠海港的物流发展带来很大的发展空间。第三，建议积极拓展珠海港口的经济福地。要加强港口在陆路方面的延伸，加强内陆港的建设。第四，引进大型物流企业进驻物流园区，参与临港产业供应链的管理，促进临港产业的发展。

目录
Contents

上篇 “一带一路”与中国国际物流

下篇　“一带一路”与珠海物流发展

上篇

“一带一路”与中国国际物流

丝绸之路经济带：丝绸之路的升华

王之泰

一、丝绸之路——中国古代的经济奇迹

“丝绸之路”是外国人起的一个形象并具有浪漫色彩的名字，并不是一个科学、准确的名称，多少年来通过人们的口口相传以及文艺作品的发挥，现在几乎成了一个家喻户晓的名词。对于丝绸之路在人类历史上的作用和地位，笔者在检索了若干文献和历史资料后发现，国内外对她的认识并不到位，对她的重视程度远不及长城、颐和园、杭州西湖。长城是防御性工程，被许多人看成封闭和保守的象征；颐和园、杭州西湖是历史古迹，是供人休闲游乐的风景名胜，是中国独特的文化资源和产物。而丝绸之路不过是条道路，世界上的“路”有的是，如果不是用“丝绸”来冠名，谁还能记得她、看重她呢?

习近平主席提出构建“丝绸之路经济带”的倡议后，启发我们对丝绸之路进行重新审视。“丝绸之路”体现的是开拓和进取，惠及的是国家的发展、经济和民生，她的奇迹不在于景观名胜等大自然的赐予，而在于人的劳动和创造，我们需要特别重视中国古代人民延续千年造就的这一伟大经济奇迹。

正是由于长期以来我们对丝绸之路认识的不到位，导致人们很容易用不到位的认识来引申和理解丝绸之路经济带，从而会产生一定的局限，特别是缺乏战略认识的局限。“丝绸之路经济带”是“丝绸之路”的升华，具有更为重大的战略价值，已经引起了相关国家以及我国相关地区政府和人民的极大关注，探讨并落实丝绸之路经济带的构建和发展，应该是我国

长时期的一项重要任务。

二、丝绸之路经济带——一个重要的战略构思

丝绸之路经济带是一个现代、全新的概念，这个概念已经远远超出了我们习惯上认识的丝绸之路。丝绸之路在世界上享有盛名，是我国古代西部经济发展与东西方经济融通的历史见证。而“丝绸之路经济带”是“丝绸之路”的升华，是远高于丝绸之路的一个全新概念，体现了我国战略的全新思维，应该说将影响我国经济的长远部署，是我国经济领域事关我国世界地位的重要战略考虑，可以形成我国改革开放的新前沿，是影响未来世界的一件大事。“丝绸之路经济带”作为我国规划未来发展的一个蓝图，也受到了许多国家和舆论的高度重视，丝绸之路经济带的开发和建设也已经提到了不少国家的议程之上，成为国际上的一个新热点。

提到丝绸之路经济带，人们想到的首先是经济问题。丝绸之路经济带经济价值巨大，仅以我国西部地区与世界各地的沟通为例，与传统的通过上海的东部海上通道相比，可节约80%的路程，缩短上千公里的距离。然而需要我们特别重视的是，丝绸之路经济带并不仅仅是简单的经济问题，她具有更为广泛的价值。丝绸之路经济带不仅可以延续中国上千年丝绸之路所创造的奇迹，也是当代和未来发展的重大战略举措，是我国与世界沟通的一个战略性新思维。那里可以成为未来我国的战略大后方，那里有辽阔的土地和丰盛的资源，有新兴的、潜力巨大的市场，又可以成为我国新的出海口。有人对丝绸之路经济带的地位进行了很好的描述：“东牵亚太经济圈，西系欧洲经济圈，连接欧亚，辐射40多个国家，覆盖30多亿人口。”所以，这个经济带可以改变我国传统的依赖东部海上通道通往世界、通往美日欧发达国家市场的旧的发展格局，为我们的发展开拓一片新的天地，也将为西亚、中亚各国的经济发展做出巨大的贡献。

现在，丝绸之路经济带的建设还仅仅是一个开端。习近平主席对丝绸之路经济带提出了“五通”的要求：政策沟通、设施联通、贸易畅通、资金融通、民心相通。这“五通”涉及政治、文化、经济等诸多方面，需要做的事情很多，哪些是物流界应当做的事情？实际上，“五通”中均有涉

及物流的地方，物流应当说是其中的重头之一，特别是“五通”中的设施联通和贸易畅通，它们与物流直接相关。其中，设施联通是直接针对物流平台系统主体提出的要求，而贸易畅通则需要物流基础、全面且强有力的支持。在丝绸之路经济带所处的我国西部地区，其千百年古代文明的发展就非常重视与物流相关的建设。进入现代社会之后，经过多年来的建设和发展，已经具备了相当好的物流基础，但与建设丝绸之路经济带这一长远战略性发展的要求相比还相差甚远，特别是与丝绸之路经济带“现代化物流”的要求相比还远远不够。因此，丝绸之路经济带的建设和发展必须下大力气进行现代物流系统建设，并且物流的基础和支持作用决定了这种现代物流系统的建设必须先行。

三、丝绸之路发展历史的物流启示

对丝绸之路经济带的认知，需要更多地认识丝绸之路，丝绸之路发展的历史给了我们若干启示。在中国古代，西部地区曾经出现了周、秦、汉、唐连续几百年的繁荣，这不单单是农业的繁荣，还有农业社会其他相关方面的繁荣，使西部地区在很长一段时间内成为中国经济、政治、文化的中心。是什么原因促使西部地区早于东部地区发展起来？对于造成这种繁荣的复杂背景和历史原因本文不作全面分析，仅从物流这一角度提出以下看法：一个非常重要的原因是古代生产力不发达，在东部沿海地区很难广泛而普遍地创造出在海上和东部地区支撑经济发展的“物流”条件，而西部地区却能创造出在陆地上驰骋的各种驮运以及车辆载货的物流方式。也就是说，西部地区具备了与当时生产力发展水平相适应的物流条件，支持了其千百年古代文明的发展，造就了中国古代这个地区的长期繁荣。对此，笔者不作全面论述，仅对与本文相关的一些比较重点的问题简单概括如下：

1. 西周时期

这一时期，我国西部地区已经建成了“路、道、途、畛、径”等五种物流运行所依托的道路，根据现代人的说法，从某种意义上讲，可以说这是分层次的、不同水平的道路网络体系，其最高标准可以通行三辆马车，最低标准也能保证牛、马等驮运方式通行。再往前追溯，我们已经很难找到有关这方面系统且完整的记录了，但即便是今天，一个道路网络体系即使水平再低其形成也不可能是一日之功，而一定是日积月累的结果。因此，可以这样断定，这方面的实践在周朝之前就早已有之。

2. 秦汉时期

可以类比当今高速公路的道路体系已经出现，这就是那时形成的号称遍布天下、可供畅行的“国道”，即所谓“驰道”。这是当时国家一级的标准化道路，在“驰道”上运输的动力是马匹。这种道路可以实现比较广泛的“飞骑传书”，应该说这时已经具有了一定的“快速”概念。

3. 唐朝时期

这一时期，在单纯道路的基础上又有了系统性的扩展，不仅道路有了很大的发展，节点实际上也已经形成。丝绸之路已经不再仅仅是一条道路，而是变成了由多条道路和许多站点形成的道路网络。以西部地区为中心，已经建成了“行有车马，止有驿馆”的由线路和节点构筑的完善的物流网络系统。发展到盛唐时期，仅作为网络节点的驿站，全国便有官驿1639所，驿站人员有5万人以上。要知道那是早在一千多年以前，即使今天，这也是一个不小的规模了。现在闻名世界的丝绸之路就是以当时我国能够影响并称雄于世界的丝绸为主要商贸对象的商贸、物流网络。唐朝的丝绸之路便是当时经济、商贸、物流水平的写照。这种状况一直延续到了近代。

对于丝绸之路，历史上比较正式的说法通常包括两大块：一块是中国西部、西南地区通往欧洲、西亚的由若干陆地上的通路组成的陆上丝绸之路，据说它往西可以一直延伸到罗马；另一块是由中国东南部通往东南亚甚至更远地方的更为复杂的海上航线组成的海上丝绸之路。陆上丝绸之路起于先秦，又分为北方丝路与南方丝路两大通道板块。海上丝绸之路起于秦汉，从我国沿海北方的烟台到南方的广州，许多城市都是海上丝绸之路的起点。海上丝绸之路实际上也包括三个板块：至东洋方向朝鲜、日本的海上通路，至南洋方向东南亚许多国家的海上通路，至西洋方向南亚、阿拉伯以及东非沿海许多国家的海上通路。

近代以来，经济重心向东部转移，除西部地区的长期发展和进步消耗了过多的资源、破坏了良好的生态条件等因素外，一个非常重要的因素就是产业革命之后，近代、现代生产力有效构筑了海上物流大通道，有效连接了世界各国，促进了国家间的经济交往，从而使我国沿海及东部地区的物流条件大大超越了西部地区。这促使东部地区有了一个快速的发展，拉大了与西部地区经济发展的差距。

不是丝绸之路本身，而是与之相关的另外一个历史事件，那就是“驼峰航线”。第二次世界大战期间，我国东部与东南部环绕海洋的地区已经不再可能使用海洋上的运输大通道了，西部地区的丝绸之路失修的失修、中断的中断，再加之许多国际因素的影响，也失去了作为西部物流通道的作用，这时候出现了“驼峰航线”，那是一条翻越西部、西南部高山峻岭的物流大通道，它有效地支援了抗战中的中国，具有重大的政治和经济意义。

上述有关丝绸之路的历史启示告诉我们这样一个道理：任何地区的发展及其与外界的沟通都是同有效的物流联系在一起的，没有良好的物流条件，发展必然会受到制约，丝绸之路经济带的开发和建设当然也是如此。

四、现状难以支持丝绸之路经济带发展的需要

面对丝绸之路经济带这样的战略选题，我们必须具有全新的思维，应该说无论是现在的行政与管理体制、经济发展模式，还是现在的技术装备和人才准备，都很难有效支持这个宏大的战略抉择。

丝绸之路经济带不是丝绸之路的简单发展，而是其全面升华，是在保持丝绸之路对世界影响的基础上，无论在形式上还是在内容上，都是一个质的飞跃，一个全面、现代化的发展。有些人在刚刚接触到这个问题时，对这种发展没有足够的、高度的认识，他们认为丝绸之路所在的地区是西部落后地区，丝绸之路经济带是在“一张白纸”上起步发展，因而小看了建设的难度。他们将丝绸之路与古代中国西部地区重要的运输工具——骆

驼联系到一起，以为这仅仅是中国古代一条通行骆驼的道路，是以像丝绸那样的轻、薄物资为物流对象的对外贸易通道。研究了解后发现，丝绸之路原来并不仅仅是一条低水平的道路，而是不同地区的若干条陆地和海上线路及其扩散、辐射道路之间相互连接而形成的物流网络，是一条从中国向西沟通东西方甚至通向世界的物流网络。例如，丝绸之路在新疆就有南、中、北三条通道，每条通道也不仅仅是一条道路，而是由大方向向西的大路和小路组成的网络，其中有不少路当时盛况空前，现在已经废弃。由于缺乏历史记载，直到今天，我们也没有将丝绸之路的所有路线完全搞清楚。应当特别强调指出的是，丝绸之路实际上是中国古代的物流网络。丝绸是古代中国对外贸易的“拳头”产品，是丝绸之路把这个拳头产品以及与之相关的文化和技术大量传播到世界各地，沟通了东西方的经济和文化，影响了世界。实际上，丝绸之路本身就是一个很高的起点，丝绸之路经济带是在一个较高起点上的升华，这并不是一件轻而易举的事情。尽管我国的西部大开发已经进行了许多年，但西部地区的现状仍然难以支持这个大发展，需要我们付出艰苦的努力。从物流方面来讲，现代社会中新的丝绸之路经济带的建设和发展需要现代物流系统的支持，西部地区原来的物流系统已经不能完全满足这种支持上的需求。我们在审视西部地区物流现状时，形成了这样一种认识：这个地区的道路系统已经大大地扩展，建成了横贯西部地区的铁路大通道，开通了欧亚大陆桥，修筑了南疆铁路、南昆铁路和兰新铁路复线，并且很早就形成了高原上的公路网络，对这个地区的经济发展做出了巨大的贡献，但这样的物流现状仍然难以支撑未来“丝绸之路经济带”建设的需要。毕竟，党中央提出的“丝绸之路经济带”是具有长远战略性的，是我国西部地区的大后方，是“大发展”，而不是一般的发展，是一个标准非常高的发展，需要我们长时期的艰苦努力，我们必须清醒地认识到这个问题。

五、丝绸之路经济带：物流的先行作用和决定作用

我们必须为“丝绸之路经济带”这个“大发展”做好各方面的准备，其中包括在整个进程中先行一步创造良好的物流条件，这就是本文“丝绸

之路经济带建设，物流先行”这个观点的立意所在。此外，还需要特别提出的是，物流不仅仅需要先行，而且对丝绸之路经济带的发展水平与未来运行具有决定性作用。

丝绸之路经济带是跨越国界的一条经济带，在我国处于西部和西南部地区，这个经济带的构建需要各种生产性产业和商贸服务业，物流业是其中的重头戏，也是经济带构建重要的支持力量。鉴于物流业的这种作用和地位，物流的发展和建设必须先行。这个地区发展物流具有很多优势：首先，这个地区土地资源丰富，可以充分容纳道路、站点、仓储等占地需求较大的物流基础设施的建设和运行；其次，从古至今的丝绸之路的物流基础以及近年来特别是改革开放、西部大开发等国策实施，如南疆铁路等的建设和开发，已经为这个地区的物流打下了一定的基础。

为了更好地建设丝绸之路经济带，我们在物流方面需要做到：

第一，注重物流“桥头堡”建设。应当在临近丝绸之路经济带的中部地区建设大的物流基地，使丝绸之路经济带的建设和发展可以依托这些物流基地的支撑。可以考虑建设以重庆为依托的借助长江三峡大坝而形成的向大坝上游延伸的水运系统，建立以水公、水铁联运为主的物流基地。

第二，注重公路、铁路的综合发展。从一开始就高标准建设铁路、公路联运系统，以铁路干线运输和公路集散运输、公路干线运输和集散运输两种物流系统为主要形式。

第三，认真解决促使丝绸之路经济带地区与世界经济进行直接交往和沟通的物流通道问题。这个物流通道是跨国的，直接向西和西南方向与西亚和南亚沟通，并形成新的出海口。为此，应当做好通向这些地区的海铁集装箱联运的物流线路与物流节点准备，建立集装箱交换、返运管理系统，使海运集装箱将来能够不再依托东部地区，而是借助新的出海口直接通过西部地区与世界沟通。

第四，配合西部地区城市化的发展，规划和建设物流中心。接受我国东部地区物流系统建设过程中“重线路、轻节点”的教训，按照现代物流科学技术要求，在西部建设中，注重各个城市物流中心的建设。这种物流中心主要承担城市地区的公路集散和城市间铁路干线运输的高水平转换，可利用西部地区“后发优势”在这个领域实行跨越式发展，取得超越东部地区发展水平的结果。

第五，物流系统建设不应仅仅针对货物运输，而且要解决东西部地区、西部地区与国际人员的交往、观光旅游等需求，要让人们愿意并且方便地进出丝绸之路经济带，也就是说要有一个良好的市场环境。这就要求在丝绸之路经济带的开发建设过程中，重视并使之成为具有特殊人文景观与价值的经济带。

第六，开展大规模的物流国际合作，实现国内物流贯通。需要物流以新的体制、新的结构内容来应对丝绸之路经济带建设的需求。一个是国际合作体制，另一个是国内的行政体制，国内行政体制的重点在于改变并解决地区分隔的行政体制，使丝绸之路经济带成为一个完整、贯通的经济带。

（作者王之泰为北京物资学院教授，著名物流学家，曾任国际物流与运输学会院士，北京物资学院副院长，中国人民政治协商会议全国委员会常委，北京市政协副主席）

基于“一带一路”跨境物流网络构建的产业联动发展

——集成场理论的顶层设计思路

董千里

一、“一带一路”倡议带来物流业转型升级机遇

1. “一带一路”跨境物流网络发展

2013年，习近平主席先后提出了共建“丝绸之路经济带”和“21世纪海上丝绸之路”的“一带一路”倡议构想。“一带”是我国与亚欧各国间在现代丝绸之路概念基础上形成的一个经济合作区域；“一路”是21世纪海上丝绸之路，是以点、线串起和连通东盟、南亚、西亚、北非、欧洲等各大经济板块，面向南海、太平洋和印度洋的战略合作经济带。陕西西安作为国际陆空交通枢纽城市，既是“一带”的起点枢纽，也是衔接“一路”的中心枢纽。作为位于我国地理中心的枢纽城市，不仅向东衔接铁海联运国际物流主通道，向西贯通国际铁路运输主通道，同时也是从地理中心走向全球集散、中转的国际枢纽，以及向国内配送的全国中心枢纽。将“一带”的起点枢纽、衔接“一路”的中心枢纽，通过国际物流主通道连接成一个体系，就是国际物流快速通道网络。这是内陆型枢纽城市成为国际集散、中转、运输与国内配送相对接的内陆型国际中转枢纽城市的必要条件。在此基础上，境内物流与跨境物流在“一带一路”倡议引导下的产业衔接中实现物流对接，形成以亚欧非经济贸易一体化为支撑的国际物流快速通道网络以及相应的产业联动发展机制。

2. 经济新常态对物流业的要求

我国经济发展进入新常态，从高速增长转向中高速增长，从规模速度型的粗放增长转向质量效益型的集约增长，要通过改革来促进经济增长方式与经济发展方式转变。新常态要求产业转型升级，涉及物流业高级化发展，其主要内容之一就是提升物流业组织化发展水平。集成场视角的物流业组织化有两个基本途径：一是物流集成体主导的物流链的组织化形式；二是物流基核引起的产业集聚的组织形式。根据“一带一路”倡议的指向，这是一个从点线物流走向以网链物流为基础的高端物流的发展过程，即要从分散的物流服务走向集成的物流服务或者说全球供应链一体化的物流服务。

3. 物流业转型升级与产业联动

物流业是基础性、战略性产业，根据其衔接性、渗透性、服务性等基本特点，“一带一路”倡议的实施将带来全球性经贸及物流联系。地区产业分工的本源是制造，制造的发展趋势是跨境经贸联系的全球供应链。“一带一路”扩展了供应链原料之来源、产品之市场、跨境物流之快速网络。跨境物流网络由跨境物流业基础设施网络、综合信息网络、业务网络支撑，跨境物流网络能否成为物流主通道，能否实现快速化，在很大程度上决定着其在跨境物流网络中的地位，是跨境两业联动过程的基础，需要高度组织化的物流业予以支持。制造业与物流业联动发展，就是依据其产业关联机理，实现制造业与物流业（以下简称“两业”）精准对接、有效衔接、优势互补、相互促进、共享共赢的协同发展过程。从区域物流、国际物流方面考察，除传统的货运量、货运周转量外，还应考察跨境物流枢纽、跨境物流网络、物流服务质量、效率和成本的影响。

二、“一带一路”起点物流业转型升级的视角

1. 基于集成场理论范畴的观察

基于“一带一路”倡议构建跨境物流快速通道网络是跨境产业联动发

展的基础。国家地区间产业的差异创造了需求的差异，促使国际经贸加强供需联系，而跨境物流则支撑着产业供应链集成物流服务的过程，需要运用大视角、大思路和顶层设计方法来分析研究这一发展过程。

（1）应用集成场理论，可以“一带一路”跨境物流快速通道网络为基础，为制造业与物流业联动提供顶层设计的基础理论、思路和分析方法。集成场是合成场元受集成引力和集成力作用在时空上的分布状态。[1]这些合成场元中的集成体是人工大系统的主动性合成场元，其他的是被动性合成场元，包括基核、联接键、场线和场界等[2]范畴。集成场理论提供了基于“一带一路”的制造业与物流业联动发展的机理和模式，其模式构建依据有：集成体、基核和联接键。

（2）集成体是由主体单元与客体单元组成的二元结构的有机整体，具有战略主体、行为主体、利益主体的三主体特征，可按其意志产生集成力，体现其战略意图、执行能力、综合利益，从而成为行业组织化的龙头企业。其中，物流集成体是物流业龙头企业，在组织物流链中起主导作用，[3]比如可决定企业、产业、区域涉及跨境物流链运作的规划与执行者。制造集成体是制造供应链的核心企业，在制造业与物流业联动发展过程中，制造集成体主导的供应链是物流链服务的对象。物流集成体产生物流集成力，集聚省域内外的国际物流资源，作为龙头企业主导跨境物流链的形成与运作。

（3）基核是复合场源的载体。场源是吸引资源的集成引力形成之源，起着集聚集成体、资源及引导场线运行的作用，可提供物流集散、中转、海关、国检等一站式专业与公共服务，以确保效率。基核可作为物流业基地、制造业基地等[4]的基础，有专用型和公共型之分。物流基核包括陆港、海港、空港及其相应的物流园区等，除土地资源、交通运输基础设施外，还可具有海关报关通关等业务，以及海关监管的保税业务等。内陆港作为公共型基核，不仅需要物流服务，而且需要海关、金融以及其他公共服务，以提高国际物流效率，降低成本。各类集成体在公共型基核跨境物流集成过程、跨境两业联动集成场的基本关系，如图1所示。

（4）联接键是为了在原有不同的重要合成场元间形成一种更稳定、更有效联系而构建的一种新的合成场元。联接键可分为基础类、服务类、综

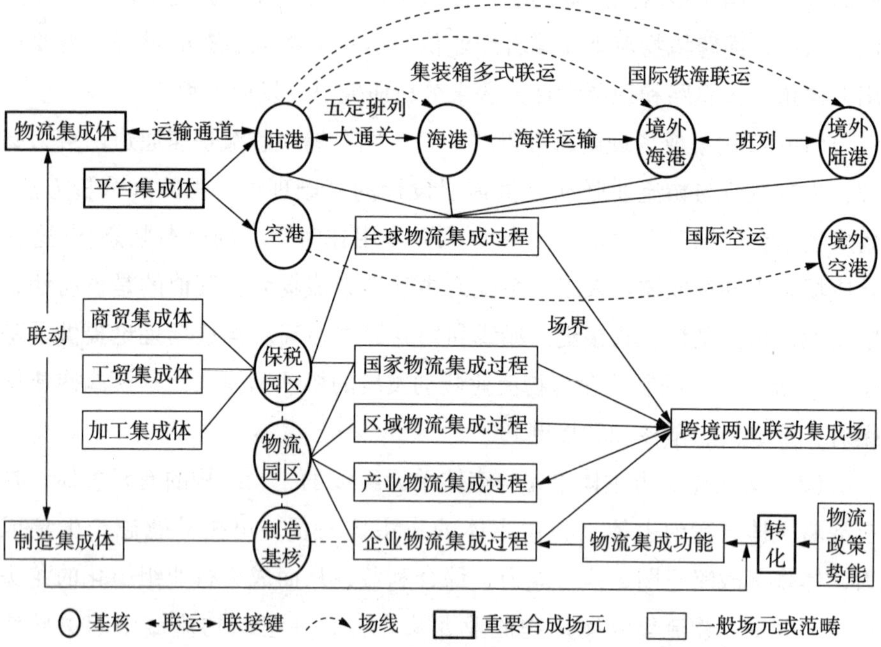

图1 基于集成场视角的跨境两业联动集成场构成

合类等几种。基础类中有资源型联接键、信息型联接键、技术型联接键。资源型联接键在作业场所区域、国际集聚、中转、辐射等方面发挥作用；信息型联接键可利用云网端（云计算、大数据，互联网、物联网，应用端）进行信息方面的连接，如大通关（属地报关、异地通关）；技术型联接键决定了如何结网，如何在设施设备、物流运作等方面应用云网端等技术。服务类中有功能型联接键和过程型联接键。功能型联接键是将分散的物流服务功能结合成功能块，使装卸、运输、甩挂、配送功能更紧密地衔接起来；过程型联接键主要应用于一段过程之间的衔接，如国内物流与国际物流运作段的衔接等。综合类联接键指将上述不同类型联接键组合设计后进行应用，如组合型联接键。

（5）将集成场理论应用于“一带一路”的“五通三同”，分别体现了集成体、基核、联接键等的作用。“五通”中的政策沟通、设施联通、贸易畅通、资金融通、民心相通，可以看作集成体、基核用不同联接键构建的统一体，形成了缺一不可的机制；“三同”指利益共同体、命运共同体和责任共同体，更强调集成体间不可分割的利益渗透于以跨境物流链与供应链竞合关系为基础的命运共同体关系的共赢机制。“一带一路”形成了更加广阔的跨境物流基核与联接键衔接的网络支撑，为经济新常态下物流业转型升级指出了一个发展方向。

2. 评价国际物流快速通道的要点

针对“一带一路”倡议布局，构建国际物流快速通道网络的目的在于提高国家跨境物流服务质量与运作效率，降低整个国家向西开放的国际物流网络成本。

（1）国际物流主通道是构建跨境物流快速通道网络的基础。当境内枢纽城市跨境物流业务量规模不足、载运方式不对称时，各自独立开发向西中欧快线的做法和绩效是值得质疑的。因此，要从传统的对企业运输量、政府政绩的考察转变为对跨境供应链系统价值、效率、效益的考察，要运用跨境集成物流服务发展的全程供应链物流绩效。

（2）以公共型国际物流枢纽和国际物流为主通道。构建完整的跨境物流快速通道网络体系，而不是其中的某个功能块。国际多式联运物流网络是基础设施网络、综合信息网络、物流业务网络三网一体的体系，包括测度一个国际多式联运物流组织运输网络供给能力的三个维度：空间位移量（货物运输距离的远近，通常用运输距离表达）、位移占用的时间（货物量从进入到离开运输系统所占用的全部时间）和全程位移成本。

（3）特定物流量从进入到离开跨境物流快速。通道网络的时间占用量，必要时这一网络可进一步向终端延伸，测量指标同时纳入。这一指标就是时间周转量，可用来间接测量内陆型国际中转枢纽港集聚周边省市物流量的集成引力，以及国际多式联运物流技术、组织和制度等层面支持下的实现能力。显然，跨境物流快速通道网络占用的时间越少，对周边货源的集成引力就越大，形成规模经济的能力就越强。追求国际物流主通道物通量对称平衡与提高国际物流主通道网络效率之间是相互促进的关系，是一项长期影响跨境物流发展的重要因素，涉及国际物流网络运作效率，包括跨境基础设施网络效率、跨境综合信息网络效率、跨境物流业务网络效率。

（4）整合跨境物流集运、始发、中转、配送业务规模，支撑国际物流规模效应。通过合并同向物流场线来提高跨境物流业务规模和效率，通过增加班列频次来提高国际物流服务质量，结合物流业务规模与效率的提升来降低整个国家向西开放的跨境物流成本。

（5）追求跨境物流全程场线绩效，而不仅仅是其中某一段的绩效。物通量是不同经济区在劳动地域分工基础上的交换形成的。不同层次、各具特色的以地域专门化为主要特征的经济地域单元，除依托国际海陆通道外，还有空中交通运输通道的支持。因此，从“一带一路”起点枢纽到终点枢纽网络，要以主通道提升供应链全程价值，满足制造供应链需求，通过公共型基核产业组织化，追求供应链全程价值与效率，满足跨境物流联接键创新，追求质量、效率和效益的技术组织创新。

（6）境内外重要集散中转枢纽构成跨境物流主通道，直达快速是其基本特征。这就需要物流枢纽之间进行产业分工，追求大平衡。国际物流节点枢纽是国际物流过程所依托的公共型交通运输枢纽，也是集成场视角下的公共型基核。其一是基础设施网络连接，即由航道、港口、铁路、公路等构成的基础设施网络；其二是标准化技术、组织和制度手段；其三是综合物流信息网络，包括运行制度的联接键。

基于上述分析，境内产业联动发展的专用型基核要与公共型基核有效衔接起来，不仅要创建基核间的联接键，而且要将集成体间的创新业务、发展重点与经济利益通过联接键建设稳定下来，以便组织好长期跨境物流全程场线。[5]

3. 构建跨境物流快速通道网络

国际物流主通道网络效率涉及国际快线运作的公共型枢纽基核、业务规模、服务质量、运行效率以及降低成本等方面的要求，要求实现快速、准确和精准对接。

（1）在布局跨境物流快速通道网络时，要根据枢纽城市产业、地理和经贸联系创建跨境物流优势。可考虑将地理中心转化为中转配送枢纽，构建基核场源，培育战略优势，实现产业集聚、物流有序、港区联动、港港联动、国际中转，国际主通道网络需要通过内在机制将其全线贯通。以集成场视角构建"一带一路"国际物流快速通道网络，要基于客观主动优化视角，避免主观狭隘的行政区位、部门利益视角，以免因局部利益而影响到全局利益的考量。

（2）发挥跨境物流集成体以专业化为基础的物流链组织者的作用。在多种集成体中，物流集成体主导物流链，制造集成体主导供应链。制造集成体的供应链体现物流需求，物流集成体组织形成物流链是物流业组织化的一种形式，应主动与制造集成体加强沟通，主动切入、主动适应、主动完善并提升供应链物流服务水平。

（3）发挥公共型（特别是国际中转枢纽）基核在连接跨境产业、贸易和物流中的作用。公共型基核的集成引力形成产业集聚，是产业组织化的另外一种形式。利用基核可以共享基核场源资源，有利于形成中小物流企业联盟，企业可作为相对的物流集成体发挥产业组织化作用。以国内起始陆港作为内陆型国际中转枢纽港，构建中（亚）欧快线网络，在起始港（内陆型国际中转枢纽港）形成集聚、中转、辐射的重要节点，即枢纽中的枢纽，构建国际物流主通道网络。如图 2 所示。

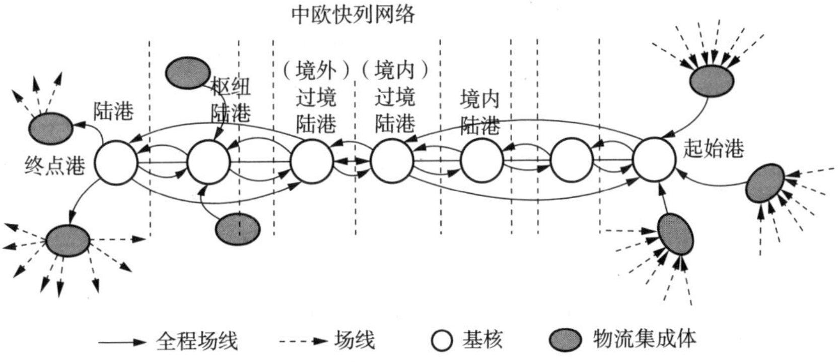

图 2　以国内起始港作为国际中转枢纽港构建国际快速物流网络

（4）发挥基于陆港、海港、空港、物流园区等平台的多方集成体协同机制和作用。一定要分清做平台与做具体物流业务之间的差异与联系。以公共型基核中的国际物流枢纽为基核构成跨境物流网络，形成跨境物流快速通道网络，其效率的提高需在制造业与物流业联动的过程中，将物流基核与制造基核对接起来。在同一基地运作的基核间关系称为融合型，在相邻基地运作的基核间关系称为连接型，分离运作的基核间关系称为公共型。物流集成体业务运作基核间关系在很大程度上决定并影响物流的效率和成本。在此基础上，为实现跨境物流快速网络与制造业、物流业基核的对接，还要发挥集成体的集成力与基核之间的联接键关系。

三、集成场视角下的产业联动发展模式及策略

物流业转型升级的一种体现就是从“点线”物流发展到“网链”物流服务，前者体现分散化运作特点，后者体现集成化运作特点，要求从两业竞争发展到两业竞合，从两业竞合发展到两链协同与融合发展，通过联接键创新促进产业结构升级。

1. 物流业与关联产业联动发展模式

根据集成场理论，可将制造业与物流业联动发展模式用式（1）表示，[6] 该式也可用于一般产业联动发展模式。

$$\text{两业联动发展模式}=\text{集成体}\begin{pmatrix}\text{紧密融合}\\\text{战略联盟}\\\text{合作伙伴}\\\text{市场选择}\end{pmatrix}\text{关系}+\begin{pmatrix}\text{融合型}\\\text{连接型}\\\text{公共型}\end{pmatrix}\text{基核}+\begin{pmatrix}\text{组合型}\\\text{过程型}\\\text{功能型}\\\text{技术型}\\\text{资源型}\\\text{信息型}\end{pmatrix}\text{联接键}\tag{1}$$

式（1）是作者基于 200 多个案例研究、[7-9] 10 余篇论文[10-13] 和著作[14-15] 等进行理论探索与验证研究的结果，其形成源于集成场理论，可以证明将之应用于两业联动发展模式是完全可行的。用集成体间、基核间关系和联接键类型作为不同的识别依据，组合形成了产业联动发展模式。不同关系类型所结成的两链融合关系，反映了产业联动合作双方的发展

空间。

2. 从境内产业联动到跨境产业联动

制造业与物流业联动发展的集成体之间的关系可以是导入阶段、适应阶段、共享阶段、创新阶段。在不同行业的物流组织中，如汽车物流运作、IT 物流运作、家电物流运作、冷链物流运作、卷烟物流运作、电商物流集成运作、物流金融运作等，其物流组织模式及方案设计、物流运作质量管理、时间和成本控制各有特点。[16]一般在产业联动过程中提高物流服务质量以及境内外物流对接效率，可总结经验并将之引入跨境全程物流的境外物流对接运作过程，在境内两业联动发展竞合关系，形成两链切入、适应、共享等过程的联动策略。

（1）从信息、技术型联接键和过程联接键切入供应链。通汇物流从信息型、技术型联接键起步，切入陕重卡供应链，最终形成组合型联接键，基核间关系稳定于融合型关系，集成体间关系从合作伙伴、战略联盟发展到紧密融合型关系。从 2005 年 10 月起至今，为陕汽集团建立起具有国际先进水平的现代化、精益一体化重卡物流管理与运作体系，同时为陕重汽成功培养了一支有技术、能规划、能管理、能操作、会打硬仗的团队。

（2）从功能型联接键和连接型基核切入供应链物流。华秦物流等从技术型联接键——轿车专运车辆切入比亚迪成品车物流过程，通过专业化车辆实现轿车专业化物流功能过程，物流基核与成品车库基地紧密相连，作业效率高，服务质量好，保持合作伙伴型集成体之间关系。

（3）从功能型联接键与融合型基核关系切入供应链。新飞专运（改制后，一部分成为“新运物流”）与新飞电器的合作可分为两个阶段，即“一对一”和“多对一”干线运输服务模式。这两个集成体之间从市场选择、合作伙伴关系转变到战略联盟关系，又从战略联盟关系转变到合作伙伴关系。如图 3 所示。

（4）借助公共型基核与服务平台的支持切入供应链物流。物流企业联盟、物流园区、物流中心内的中小企业大多利用公共物流基核等资源，与客户形成供应链物流服务关系。这种集成体间的关系比较松散，基核大多

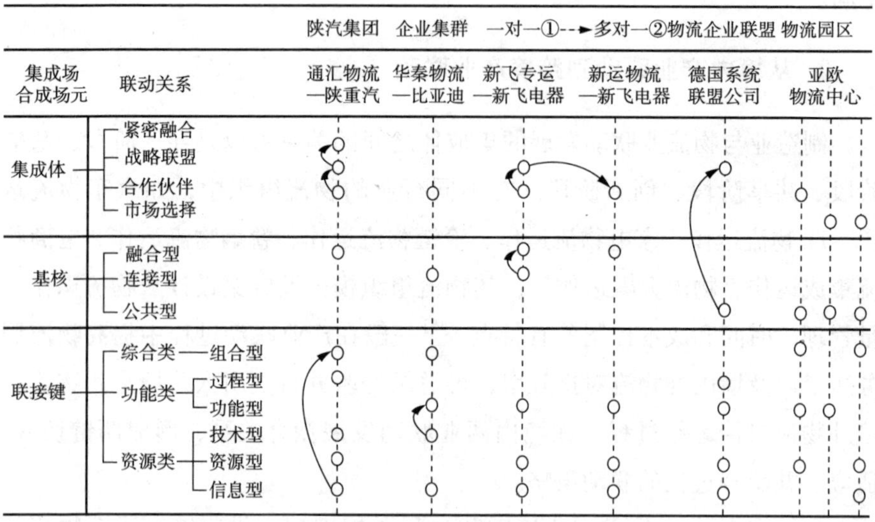

图 3 境内两业联动发展模式的集成体、基核和联接键关系

是公共型的，作为相对物流集成体的物流服务大多是通用型的。

境内两业联动发展模式已经有充分的案例验证，可以在跨境产业联动发展中参考应用。对境内与境外物流对接过程，要特别关注“五通”“三同”集成体、基核与联接键之间关系的建设，并将其落实到公共型国际物流基核建设之中。

3. 基于公共型基核的国际化合作平台

可利用公共型基核集聚物流集成体、制造集成体、商贸集成体，通过物流集成体运作跨境物流场线。可利用平台的海关、国检、金融、工商、税收等公共服务构成内陆港集散转运体系，形成国际物流业务高地和物流成本洼地，提高一站式集运、通关、中转等的服务效率。

（1）物流及公共服务协同平台。在政府部门集成体政策支持下，可充分发挥集成体在两业联动发展中的作用，其全程场线形成过程如图 4 所示。制造集成体与物流集成体通过融合型基核关系、区域物流通道和国际物流通道[17]形成了全程场线过程。结合图 2、图 3 来分析图 4 中的关系，可以更深刻地认识并体会其内在机理和机制。

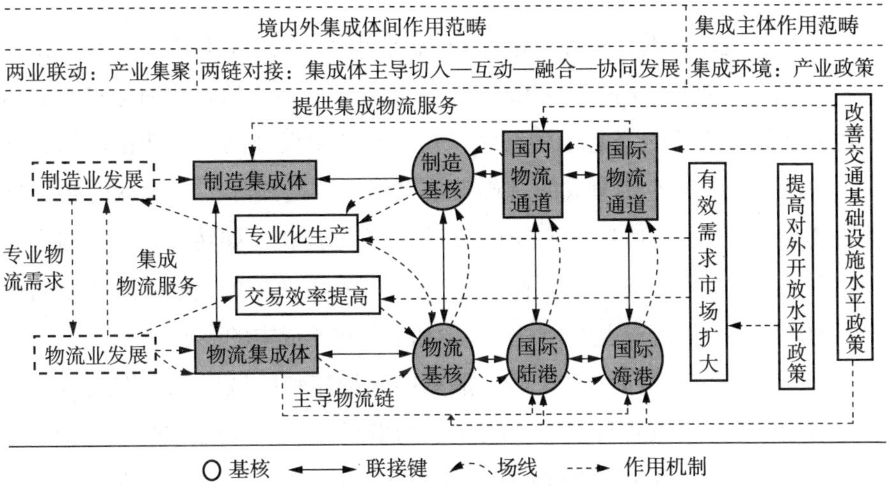

图4　从境内到跨境产业联动场线衔接示意图

图4中形成了三种实现制造业与物流业联动发展的集成物流服务场线全过程的经典类型，分别代表物流集成体主导物流链切入企业供应链，形成区域（全国）与跨境合作之间的全程场线关系，体现了境内与跨境两业联动发展和对接的过程。①企业生产工位准时（JIT）物流的场线对接过程：“物流集成体→物流基核→制造基核→制造集成体”，可实现以制造基核工位为基础的准时送料。②区域或全国物流网络的场线对接过程：“物流集成体→物流基核（或国际陆港）→国内物流通道→制造基核→制造集成体”，可实现以区域产业组织化过程为基础的物流链切入供应链的两链协同运作过程。③跨境物流网络场线在大通关制度联接键支持下的对接过程：“物流集成体→物流基核→国际陆港→国际海港→国际物流通道→国内物流通道→制造基核→制造集成体”，可实现跨境物流通道网络的快速高效运行。

（2）物流协同作业平台。以“一带一路”的国际物流中转枢纽作为公共型基核，培育场源吸引资源的集成引力，产生源作用，形成区位优势，形成集聚产业、有序物流、港区联动、港港联动、港城融合的区域合作共赢平台，有利于解决如何切入、如何合作、如何运作、如何形成共赢机制等问题。在此基础上，认识基核布局建设并进入跨境物流网络场线组织过程的战略和战术意义。

(3) 物流效率提升平台。有利于改善全程场线的时间周转量指标，使进入和离开国际物流网络的各段场线运行、衔接、中转等所占用时间最短。国际物流过程所依托的交通运输网络，其一是基础设施网络，即由航道、港口、铁路、公路等连接而成的基础设施网络，这是国际多式联运的必要条件；其二是综合物流信息网络，包括运行制度的连接，如转关是一种制度安排，直达清关也是一种制度安排；其三是国际物流业务的衔接。这些影响着国际物流路径的长短、占用时间的多少和全程物流成本的高低。

(4) 多方交流共享资源平台。服务国际物流和区域以生产物流为主要对象的物流系统。在国际物流场线的市场组织中，经常遇到的需要多方协同解决的问题有：①货源问题：直接集聚、间接吸引范围；②回程问题：货运实载率（吨位利用率、里程利用率）；③运价问题：吸引货量、业务规模、单位成本；④服务质量：班列频率、服务质量、时间、效率；⑤过程衔接：装卸与运输衔接、公铁衔接、铁路衔接、公铁海衔接、航空物流、卡车航班等；⑥信息衔接：全程信息系统联通、信息共享；⑦制度衔接：大通关、全程车辆监管；⑧技术衔接：跨境电子商务与跨境物流对接问题。

在集成场理论引导下，用大道定理、物流主通道上的物通量对称平衡机理、基核场线对称等来发展内陆型中转枢纽港的集成引力，并与周边及境外陆海港国际物流主通道的物通量形成基于快速通道网络的集散、中转和运输关系及供应链全程价值评价体系。

四、主要结论

综上所述，“一带一路”提供了服务两业联动跨境物流运作发展的机遇，依托跨境物流主通道网络，结合内陆产业供应链完善，可使跨境物流全程场线效率得到提高。

第一，运用集成场视角，遵循国际物流主通道物通量对称平衡机理，将处于国家地理中心的国际物流枢纽作为内陆型国际中转枢纽，并与境外地位同等重要的国际物流枢纽之间形成国际物流主通道网络，即跨境国际物流通道网络。通过集聚同向物流量，根据国际物流大通道对称平衡机理，在起始港和到达港分别形成集聚、运输、配送一体化网络体系，以提高国际物流服务质量和效率并降低成本，谋求长期发展。

第二，培育或引进跨境物流集成体，组织好跨境物流链的物流业务种类、规模和实现方式。以整合同向物流场线促进业务规模与班列频率提高，进而提升集成物流服务质量和效率并降低整个国家向西开放的跨境物流成本。

第三，关注始发国际枢纽港和终到国际枢纽港的场源建设，提升内陆型国际枢纽基核的物流集成引力。通过制度或市场机制处理好一般物流基核与国际物流基核、国际物流中转基核之间的关系，充分利用“一带一路”发展机遇，提高跨境商贸、跨境物流集成运作的场线组织发展水平。充分利用物流业通过公共型基核形成的产业集聚组织化作用以及由跨境物流集成体主导的物流链，实现两业联动发展，提升物流业高端服务能力，与制造业等形成互动发展的需求关系。

第四，关注境内地理中心、采购中心、制造中心、配送中心、金融中心与跨境内陆型国际中转枢纽的功能对接和集聚，形成新的场源，增强跨境物流集成引力。按照产业联动集成场要求，根据跨境物流主通道物通量对称平衡需要，充分利用并集聚多种类型的集成体，集聚并形成跨境物流业务规模，以支持国际物流快速通道网络，成为跨境两业联动发展最为重要的基础服务平台与综合型信息联接键。

第五，运用知识链在联接键设计和构建方面进行持续创新。集成场理论在联接键选择、设计、实现方式等方面提供了创新思路、技术、手段、制度和途径，联接键对集成体关系起到了切入、适应和稳固的作用。积极主动地进行基础类、服务类、综合类联接键的重新设计与创新，随着问题的解决与目标的实现，揭示关联产业转型升级的原因、动力和机制。

参考文献

［1］董展，董千里．构建物流集成场的主体思路与基本范畴［J］．物流技术，2012，31（5）：1－3，10.

［2］董千里．物流集成场：国际陆港理论与实践［M］．北京：社会科学文献出版社，2012：79－89.

［3］董千里，江志娟．物流链——产业联动的理论基石［J］．物流技术，2015，34（2）：8－11，16.

［4］董千里，董展．提升国际陆港物流集成力的战略思考［J］．综合运输，2011（8）：25－29.

［5］董千里，董展．制造业与物流业联动集成场的场线形成及推论研究［J］．物流工程与管理，2013（2）：68－71.

［6］董千里，董展．制造业与物流业联动发展模式的识别与应用研究——集成场视角的案例研究［J］．物流技术，2013，32（12）：8－11，150.

［7］董千里，等．基于集成场理论的制造业与物流业联动发展模式研究［R］．西安：长安大学物流与供应链研究所，2015.

［8］董千里，等．陕西省制造业与物流业联动发展研究［R］．西安：长安大学物流与供应链研究所，2013.

［9］董千里，等．陕西重型汽车产业配套及物流发展战略研究［R］．西安：长安大学物流与供应链研究所，2011.

［10］董千里，刘海静，张建嫱．陕西制造业与物流业协同发展机制研究［M］．北京：社会科学文献出版社，2015：1351－1367.

［11］董千里，董展．制造业与物流业联动集成场中的联接键形成与运行研究［J］．物流技术，2013，32（11）：1－4.

［12］董千里，董展．集成体主导的基核区位分布与两业联动发展关系研究［J］．物流技术，2013，32（10）：36－38，101.

［13］董千里．基于集成场理论的制造业与物流业网链融合发展机理研究［J］．物流技术，2013，32（3）：1－3，8.

［14］董千里．高级物流学（第3版）［M］．北京：人民交通出版社，2015：55－64，72－78，82－99.

［15］董千里，鄢飞．物流集成场理论及实现机制［M］．北京：社会科学文献出版社，2010：373－385、391－412，417－429.

［16］董千里，等．物流运作管理（第2版）［M］．北京：北京大学

出版社，2015：46－64，69－88，92－105，110－129，134－148，153－168，173－197.

［17］申亮，董千里，张林. 交通基础设施门槛、物流业与制造业获利能力［J］. 中国流通经济，2014（8）：14－19.

（作者董千里为长安大学经济与管理学院教授、物流与供应链研究所所长）

“一带一路”物流建设障碍及其对策探讨

刘崇献

“一带一路”是“丝绸之路经济带”和“21 世纪海上丝绸之路”的简称，分别是国家主席习近平 2013 年 9 月在访问哈萨克斯坦和同年 10 月出席 APEC 领导人非正式会议期间在印度尼西亚提出的战略设想和倡议，受到了国内外的广泛关注和重视。

一、“一带一路”物流建设的观点综述

“一带一路”倡议是一项长期的系统性工程，涉及国际贸易、金融、投资、基建、文化和人员交流，涵盖政治、经济、文化、军事等多个方面。关于物流在经济发展和“一带一路”建设中的地位，众多学者都充分强调了物流发展的重要性，认为物流对区域经济发展具有基础性、先导性和战略性作用。Rodan（1943）、Rostow（1960）把交通物流等基础设施看作是一种社会先行资本，认为是“经济起飞”的条件，必须优先发展。Nurkse（1953）认为，交通物流设施具有很强的外部性特征和网络属性，通过扩散效应，使经济增长较快区域带动增长较慢区域的经济发展。王之泰（2014）认为，物流是影响“丝绸之路经济带”发展的最大“短板”，需要构筑一条“物流大通道”克服这个“短板”。

“一带一路”倡议涵盖的地域广阔，地形复杂，文化多元，经济社会发展差距大。这导致“一带一路”物流建设具有高度的复杂性，困难程度可能会超出预期。众多学者已经从不同角度指出了“一带一路”建设中物流发展的主要“瓶颈”因素。罗钢（2014）从铁路轨距标准不统一、通关手续烦琐、各国法律制度差异大、现有口岸物流运转能力有限等角度，分

析了“一带一路”地区现有物流通道存在着运输成本高、协调困难、口岸拥堵、效率低下等难题。郑永年（2014）指出，印度对“西南战略大通道”很警觉，东盟国家对“桥头堡”说法也很警觉，俄罗斯则对中国的“西进”非常担忧。因此，减少疑虑、建立互信至关重要。王之泰（2014）指出，近年来出现美日同盟联手制约我国，以及越南、菲律宾不断地搞小动作等新问题。这些都可能变成这个通道的严重障碍。罗钢（2014）认为，对于中亚、东欧等经济相对落后的国家来说，单靠一国之力难以承担，这就需要通过经济带内各国运用国际金融、投资、技术合作等多种方式，加快该地区的运输基础设施的更新换代。

关于如何建设“一带一路”的物流体系，如何克服物流建设中的“瓶颈”和困难，部分学者从宏观政策协调、物流系统构成、运作效率等角度提出了建议。胡鞍钢等（2014）从宏观角度建议推进各国签署《国际道路运输便利化协定》，加快中国与中亚地区及其邻国的铁路建设。李宁（2014）认为，应建立“丝绸之路经济带”区域物流合作组织机制和物流区域发展协调机构，在交通、通信和通关便利化、技术和金融等方面给予政策倾斜和支持，并推进物流园区和物流中心规划。李忠民、夏德水（2014）认为，不应只关注新增交通基础设施，更应关注现有物流设施的运营效率。

从整体上来看，有关“一带一路”倡议的报道和观点虽然已经很多，但很多观点是探讨交通建设而不是物流建设；即使探讨了物流建设，多数也是从局部的、地区性的立场提出了一些看法和建议，与“一带一路”倡议整体上相适应的物流体系规划和建设建议的研究还比较少；多数观点是探讨“一带一路”建设可能带来的机遇及相关设想，充满着过度乐观情绪，而对“一带一路”物流建设中可能遭遇的各种阻碍和“瓶颈”因素，及其如何解决，还缺乏系统全面的深入研究。本文将集中探讨“一带一路”物流建设中可能遭遇的“瓶颈”制约因素及其解决对策。

二、“一带一路”物流建设障碍分析

“一带一路”倡议已经成为我国最重大的国家战略之一，我国之所以高调推进“一带一路”倡议，主要有以下几个方面的考虑。首先，从政治和国家安全角度考虑，“一带一路”倡议是反封锁、反包围、反孤立的战略。美日等国在海上通过三重岛链，在陆上通过战争或结盟，拉拢越南、泰国、缅甸、印度、阿富汗和蒙古及中亚等国家构建对我国的包围封锁圈，大幅度压缩我国的生存和战略安全空间。我国推行“一带一路”建设，重要目标之一是建立国家物流战略通道，加强与周边国家联系，重建国家安全边界和战略缓冲区。其次，从经济发展战略考虑，我国已经多年是世界第一贸易大国，随着人均 GDP 的增长，我国经济国际化战略已经从商品输出阶段跨入到了资本技术输出阶段。我国单打独斗的商品输出已经遭遇天花板效应，有必要通过区域经济一体化和资本输出来构建稳定的海外市场和利润增长点。第三，从国际方面考虑，以美国为首的 12 个国家已经签署 TPP 协议，具有明显的孤立和排斥中国的意味，因此，我国也有必要在经济贸易领域组建自己的队伍，抱团发展，打破经济贸易孤立。最后，从国内经济形势考虑，随着国内外需求减弱，我国多数具有比较优势的产业呈现严重的产能过剩，通过“一带一路”倡议转移过剩产能，在国际范围内重组和优化我国主要产业链也是我国重要目标之一。而这些目标的实现，都需要首先构建便捷安全的物流通道。

“一带一路”开发过程本质上是区域经济一体化的过程，而物流一体化是区域经济一体化的前提和保障。“一带一路”倡议下的物流发展主要目标是有步骤地建设便捷高效的大能力物流通道，包括立体化的物流通道、相关的物流节点、经济腹地以及政策法规层面的协调机制建设。虽然目前“一带一路”建设在政治互信和基础设施联通方面已经取得了重大进展，并且伴随着亚洲基础设施投资银行、丝路基金和金砖银行等金融机构陆续投入运营，在交通等基础设施建设方面将会取得更大发展，但是“一带一路”物流建设中，将不可避免地遇到众多困难和挫折，如果不能充分估计、冷静应对这些物流“瓶颈”因素的制约，而是盲目乐观、大干快上，可能会遭受重大损失。

概括来看，“一带一路”建设中的物流障碍主要体现在以下几个方面：

第一，政治障碍，也是最大的障碍，主要体现为有政治敌意或领土纠纷的国家有意抵制和破坏我国“一带一路”倡议的实施。一方面是传统霸权国家美国的抵制和破坏。“一带一路”倡议有利于中国的军事和经济上突破重围，有利于增强中国的经济、政治和文化影响力，这将抵消美国在相关区域的控制力度，是美国所不乐见的。因此，美国对中国的“一带一路”倡议持明确的反对和抵制态度，在政治上诋毁，在经济上不参与，在军事上加强包围圈。美国在抵制亚投行的同时对其他国家施加压力抵制中国的“一带一路”倡议，加紧落实孤立中国的TPP协议，并挑拨和怂恿其他与中国有领土争端的国家挑衅中国，给中国抹黑，瓦解中国国际统战成果。另一方面是那些与中国有领土争端的国家对于中国倡导的“一带一路”倡议抱有强烈戒心，秉持不感兴趣、不支持、不参与立场，甚至暗中破坏中国的努力，如日本、菲律宾、越南、印度等。日本在泰国和印度尼西亚多次搅局中国的高铁投标项目。美国和这些国家相互勾结，将会给中国的“一带一路”倡议落实造成重大的困扰。

第二，信任障碍，主要体现为相对友好国家能否和中国建立政治互信。“一带一路”范围内的不少国家对我国提出的战略既表现出兴趣又表现出疑虑，即使是和中国相对友好的上海合作组织国家也未必是真心赞成并积极参与“一带一路”倡议的。由于经济体量的巨大差别和经济技术发展差距，中亚国家担心和中国过度捆绑，会带来中国廉价商品冲击国内产业，在国际分工和产业链合作中过度依赖中国，损害国家安全和经济独立性。中国最大的战略伙伴俄罗斯也有自己的一套想法，并且提出了建立欧亚联盟的倡议，俄罗斯和中国将是竞争合作关系，不会完全按照中国的节拍起舞。中亚各国乃至南亚和中东国家将会在中国、俄罗斯，甚至美国战略之间摇摆，谁给的好处多跟谁走，将会表现出明显的机会主义特征。如果不能有效消除信任障碍，在“一带一路”倡议的推进过程中，有关国家可能会或明或暗地限制中国参与该国范围内重要的物流通道和物流设施的开发建设，中国可能会屡屡遭遇“热脸贴冷屁股”的尴尬。

第三，资金障碍，主要体现为谁来承担巨额的投资成本。中亚、南亚和东南亚等“一带一路”的重点区域都是基础设施薄弱的地区，要在这些地区建设便捷完备的物流基础设施，需要巨额的投资。中国虽然有巨额外汇储备，但是在投资中也要受到诸多约束，不能扶贫式的到处投资而不问收益和回报。中国的外汇储备不是财政资金，在一定程度上具有负债性质，关系到汇率稳定、央行资信和金融安全的，是不能任由政府大量处置的，只能对富余部分在保值增值前提下开展一定规模的战略性投资。我国外汇储备在我国经济形势不好、外资外流情况下会快速消耗，并且会伴随着国内基础货币供应量巨大变动。因此，动用外汇储备必须谨慎。中国已经牵头组建了亚洲基础设施投资银行，并且后续将成立丝路基金、金砖银行等金融机构，这些机构将为“一带一路”建设提供资金支持。在这个过程中，中国将是并且应当是资金供应方之一，并且将要按照商业原则开展投资，共同投资、共担风险，追求投资回报率。鉴于“一带一路”范围内许多国家经济发展和基础设施落后，投资需求巨大并且投资风险巨大，很有可能出现投资资金不足的现象。

第四，技术障碍，表现为如何克服在现有薄弱的物流基础上开展复杂环境的施工难题。“一带一路”范围内地质环境复杂，基础设施薄弱，在这些地区开展大规模的物流交通建设，要克服一系列的技术难题。例如，在高海拔和地质环境复杂的地区建设中巴铁路和中吉乌铁路，要克服施工物资供应保障、高原反应、冻土路基处理、山体滑坡、泥石流灾害、电子信息配套技术等方面的难题和挑战。未来的高速物流通道需要现代化的高速铁路和高速公路、大型化的货运船舶、大运量的航空器，这些都需要先进的制造和施工技术、过硬的材料技术和工程技术。“一带一路”范围内只有少数国家具有这方面的技术能力，而在其他大多数国家施工将面临一系列的资金、人员和技术匮乏问题。

第五，管理和协调障碍，表现为跨国物流的一体化管理和政策法规协调问题。物流基础设施建设的同时，如果不能改善跨国物流一体化管理和政策法规协调的问题，“一带一路”范围内的物流效率仍然难以大幅度改善。每个国家都是利益主体，每个国家都会在本国主权范围内对过往的物流活动实施管理和影响，难免会造成关卡众多、多重收费、“寻租腐败”盛行等弊端，进而阻碍国际贸易，降低商品流通效率。即使每个国家都依法管理过往物流活动，也会因为各国政策法规不一致，各种设施设备和作业标准不统一而增加物流时间和成本。例如，独联体国家的铁路规矩为宽轨，而中国和欧洲为标准轨，导致货运列车在边境站必须实行换装或换轨，大大增加了物流时间和成本，导致新亚欧大陆桥开通这么多年来始终没有体现出应有的竞争力和优越性。

第六，需求障碍，表现为“一带一路”范围内部分国家没有充裕的货源，造成物流设施闲置和浪费。“一带一路”范围内的不少国家的发展水平并不比中国新疆地区高，在经济发展水平低的国家建设高水平的物流通道虽然有利于拉动当地经济增长，但是也可能面临着高速公路上跑马车的尴尬，即这些地区的生产和生活物流流量太小，造成物流设施的建设成本回收遥遥无期。因此，“一带一路”范围内的物流建设应该经过充分评估，根据需要分期开展建设，不宜过度超前。

三、应对“一带一路”物流建设障碍的对策建议

要解决或缓解“一带一路”物流建设的障碍和制约，既需要宏观上的政策协调和制度设计，又需要微观上的组织和管理创新；既需要行政力量推动，更需要市场化力量的深度参与，国家行为是引导，市场行为才是主流。为了缓解或克服“一带一路”物流建设的障碍，本文提出以下对策建议：

1. 建议充分利用现有组织安排来化解政治障碍和信任障碍

宏观上要充分利用上海合作组织、金砖国家组织、亚太自贸区、亚投行等政治或经济组织，加强与相关国家的协调和团结，深化社会经济交流和联系，增强政治互信。必要时可以扩大上海合作组织的范围，吸收对“一带一路”倡议持积极态度的国家加入。拓展上海合作组织和金砖国家组织的经济协作职能，在协商基础上渐进推进经济一体化进程。加速推进亚太自贸区建设，积极整合现有已签署的多个双边自贸区，力争扩展为多边自贸区，增强亚太自贸区的吸引力和经济辐射效应。必要时可以倡议成立“一带一路”合作组织，并成立理事会和秘书处统筹规划和领导推进“一带一路”范围内的开发与建设问题。

2. 建议以市场化方式多方融资，建立风险共担、利益共享机制

筹建“亚洲基础设施投资银行”“丝路基金”“金砖银行”等国际金融机构，并投入实际运营。建议在这些金融机构下面下设投资评估与决策

委员会，建立“一带一路”范围内的项目库，由各国申报经委员会审批后纳入规划，再由这些金融机构指导招标确定建设者，并给予开发性质的配套贷款支持。建议中国的对外投资多通过这种渠道开展，借助区域性金融机构或开发组织开展投资，有利于降低相关国家的政治敏锐性和抵触情绪。除此之外，要积极引入民间资本投入相关物流通道和设施建设，可以采取诸如国际 BOT、PPP 等各种灵活的融资经营方式，积极组建跨国银团、跨国竞标施工联合体、跨国混合所有制企业等，力争做到利益共享、风险共担。对于公益性、社会性和战略性比较强的项目，建议由相关国家政府和区域性金融开发机构给予必要的补贴，使得商业主体在这些项目中也是有利可图。此外，需要建立起高效的国际物流合作和协调机制。

3. 建议设立跨区域的国际物流企业

由“一带一路”各国投资入股的“丝路物流总公司”、“一带一路”铁路货运总公司、“一带一路”航空运输集团、“丝路通”国际快递总公司、“一带一路”国际多式联运总公司等一批跨国企业，授权这些企业统一规划和运营该区域内的铁路、海运、公路、航空物流设施，并积极发展国际多式联运，大力推进物流标准化和贸易便利化。跨区域的国际物流企业可以充分利用各国的技术优势，可以有效整合各国的物流资源，充分发挥规模经济效益，减少国际协调的时间和成本，便于开展国际物流业务。由于各国都有股份和利益，各国对这类跨国企业的警惕性和排斥感会降低，有利于这些企业开展业务。我国积极地通过这些跨国物流企业开展业务，也有利于降低相关国家的政治敏锐性和抵触情绪。建议在操作层面积极推进物流设施和作业流程标准化，统一运输仓储等环节的税费和赔偿标准，建立快捷有效的应急处理机制和纠纷处理机制。此外，建议在独联体地区修建标准轨快速过境铁路通道，提高新亚欧大陆桥运输效率，减少过境换装带来的时间和效率损失。

4. 建议推进完善物流基础设施建设，积极培育和引入市场运作主体，充分利用物流基础设施

首先，积极组织引导我国的基建类企业在“一带一路”范围内广泛承揽建设项目和业务。其次，引导和组织中国航运、铁路、航空、邮政等物流企业积极和“一带一路”范围内的其他国家的同类企业开展业务合作和战略联盟，简化过境与通关程序，积极开展国际多式联运业务。第三，积极引导和组织我国的高铁、太阳能、钢铁、水泥、陶瓷、家具、家电、电子信息、纺织等企业沿着物流要道和重要节点进行布局和投资，充分发挥我国制造业的比较优势，由商品输出为主逐步过渡到资本输出为主。此外，我国要充分发挥在互联网经济和物流快递领域的优势，政府层面积极与相关国家协调，鼓励引导诸如阿里巴巴、腾讯、百度等互联网企业，淘宝、京东等电商企业，顺丰、圆通等快递企业，支付宝、财付通等第三方支付企业在“一带一路”国家开展业务，打造和改善这些地区的商业生态，培育和提升我国的经济腹地的发展潜力。

5. 建议对“一带一路”范围内的远期、中期和近期物流需求进行科学评估，在评估基础上制定分阶段的基础设施建设规划

骨干性的物流通道和枢纽型的物流节点布局要进行科学评估和规划，“一带一路”物流建设不能没有规划，不能乱糟糟、一窝蜂地遍地开花，不能严重滞后，也不能过于超前，布局不均衡、不合理、功能不协调、不配套的物流基础设施建设将会带来巨大浪费，影响物流效率和效益的充分发挥。在“一带一路”物流建设中，“一带”和“一路”物流建设的侧重点和具体方案应该有所不同，具体情况具体分析。“一带”将以新亚欧大陆桥为纽带，以快捷的铁路、公路通道为重点，辅以重要的航空货运网络；而“一路”将以海运为重点，建设功能协调、布局合理、安全可靠的航运体系，并重点建设集装箱运输和国际多式联运系统，必要时可以加速中巴和中缅陆上物流大通道建设，分散海运风险。在“一带一路”物流建设过程中，既要发挥典型的示范作用，也要坚决打击捣乱破坏分子。要选择一两个对“一带一路”态度积极、乐于配合的国家开展重点投资和建设，让这些国家能够真正从基础设施改善和相关国际合作中获得显著利益，从而使那些态度不积极或者犹豫不决的国家改变态度。对于个别不配合甚至捣乱破坏的国家，可以通过贸易制裁、经济孤立，甚至军事打击的手段给予惩治，杀一儆百。

总之，“一带一路”物流建设具有战略重要性，在推进相关物流基础设施建设的过程中，要充分估计相关的障碍和制约因素，应及早采取正确措施予以应对，确保“一带一路”物流建设取得预期的效果。

参考文献

[1] Rosenstein Rodan PN. Problems of Industrial – Isation of Eastern and South – Eastern Europe [J]. The Economic Journal, 1943, 53 (210/211): 202 – 211.

[2] Ragnar Nurkse. Problems of Capital Formation in Underdeveloped Countries [M]. Oxford: Basil Black – well, 1953: 102 – 110.

[3] 王之泰．丝绸之路经济带的物流畅想 [J]．中国储运，2014 (11): 39.

[4] 罗钢．“丝绸之路经济带”建设中交通物流制度协同与推进探讨 [J]．开发研究，2014 (2): 45 – 49.

[5] 胡鞍钢，马伟，鄢一龙．“丝绸之路经济带”：战略内涵、定位和实现路径 [J]．新疆师范大学学报（哲学社会科学版），2014 (4): 1 – 10.

[6] 李忠民，夏德水．我国丝绸之路经济带物流设施效率分析——基于 DEA 模型的 Malmqusit 指数方法 [J]．西安财经学院学报，2014 (9): 71 – 77.

（作者刘崇献为北京物资学院经济学院副教授、博士）

实施“一带一路”倡议
推进人民币国际化进程

刘　旗

推进“一带一路”建设，是我国着眼于国内发展面临的新形势、新任务、新要求。人民币国际化与“一带一路”是对当下中国经济发展具有重大意义的两个议题。“一带一路”倡议加强了中国与“一带一路”沿线国家的联系，共同分享经济增长红利。“一带一路”倡议，为人民币国际化提供了一个新的载体，将推进人民币国际化的发展。

一、“一带一路”为人民币国际化提供了助推器

2015 年 3 月 28 日，《推动共建丝绸之路经济带和 21 世纪海上丝绸之路的愿景与行动》发布，这表明“一带一路”倡议已经从倡议走向落实。“一带一路”沿线拥有 65 个国家，44 亿人口，人口占全球的 65%，GDP 占全球的 29%，贸易占全球的 60% 多。“一带一路”建设将以“政策沟通、设施联通、贸易畅通、资金融通、民心相通”为主要内容，为沿线国家发展提供机遇，也为全球的经济发展增添动力。

从长远来看，“一带一路”是以中国的国家战略为基础，中国希望通过这一平台，在国际市场和国际规则的制定上扮演更加积极进取的角色（程漫江，2015）。从近期来看，“一带一路”倡议的实施契合了中国当下产业转移、产能输出的需要。中国经过改革开放 30 多年的发展，在很多产业集聚了强大产能，钢材、水泥、玻璃等很多行业产能过剩，而发展中国家基础设施普遍差，工业基础薄弱，很多老百姓日常生活用品都需要进口。中国与“一带一路”沿线国家在产品上、资源上有很大的互补性。在

中国大量行业面临产能过剩的背景下，利用“一带一路”沿线国家巨大的市场需求，向“一带一路”沿线国家输出国内优质富余产能输出，是一个双赢的举措。而产业转移、产能输出，必然会增加人民币的交易规模，促进人民币更大范围成为计价结算的工具，扩大人民币的输出规模。

人民币国际化的最终目标是实现人民币在境外流通，在国际上发挥价值尺度、流通手段、支付手段和贮藏手段等货币职能。自2008年全球金融危机以来，人民币与其他国家货币互换的规模不断扩大，迄今已经与25个国家（地区）的央行及货币当局签署了货币互换协议，总计27332亿元人民币。2014年签署的货币互换协议规模达7100亿元人民币。可直接和人民币进行交易的货币增加，包括美元、欧元、日元、英镑在内的七种主要货币可以和人民币直接交易。在人民币周边化、区域化取得重大进展的基础上，实施“一带一路”倡议是人民币国际化的催化剂，通过“一带一路”国家的辐射作用，实现人民币在全球范围内的布局。

二、“一带一路”倡议的实施提升了人民币国际化的需求

1. “一带一路”沿线国家基础设施建设对人民币国际化的需求

“一带一路”倡议的“五通”原则中设施联通、贸易畅通、资金融通，都对人民币的国际化有着强烈的需求。

基础设施建设是“一带一路”倡议实施的优先领域，也是互联互通的重点开发领域。在“一带一路”沿线国家中，亚洲只有少数国家基础设施竞争力指数超过全球平均水平，部分国家的基础设施建设非常落后，而俄罗斯的基础设施竞争力指数为4.1，也未达到全球平均水平（彭刚，2015）。如“一带一路”沿线国家的主要基础设施铁路，与发达国家相比有很大差距，多数国家铁路里程与国土面积之比只有欧盟和日本等国家的1/5。而我国在基础设施施工及设备制造上具有强大的能力，比如高铁产业从设备制造到工程施工均具有世界先进水平，工程承包有很强的竞争力，这为支持“一带一路”沿线国家的基础设施建设提供了条件。同时，我国近些年与“一带一路”沿线国家在基础设施建设上有良好的合作，在

“一带一路”国家承包工程完成营业额达到644亿美元，占全国的45.2%。

“一带一路”沿线大部分国家属于发展中国家，基础设施建设中面临的一个主要困难就是建设资金的缺乏，因此，基础设施建设需要大量来自境外的融资。据世界银行研究报告，发展中国家基础设施投资每年的需求在1万亿美元左右。亚洲开发银行预测，2010年至2020年，亚太地区约有1万亿美元的基础设施建设资金需求。亚洲开发银行和世界银行能够为亚洲各国基础设施建设提供的资金有限（彭刚，2015）。另外，如果采用美元作为融资货币，美元币值的变动会对整个融资的效果产生影响。因此，对于采用人民币作为融资货币需求巨大，这对人民币资本输出提供了条件。无论是金砖国家新开发银行、亚洲基础设施投资银行，还是丝路基金，共同目的就是通过向“一带一路”沿线国家的公路、铁路、通信管网、港口物流等基础设施建设提供信贷支持，实现人民币资本输出。所以，“一带一路”沿线国家基础建设对人民币国际化具有强烈的需求。

2. 中国与“一带一路”沿线国家贸易合作对人民币国际化的需求

中国与“一带一路”沿线国家资源互补性强，如中亚各国石油、天然气、矿产、农业等原材料资源丰富，但工业基础薄弱，大量居民日常生活所需的轻工业产品都需要进口。而中国有完备的工业体系和强大的生产能力，各“一带一路”沿线经济体在产业结构上与我国存在较大互补性，双方贸易合作的空间很大。未来可以在稳定劳动密集型产品等优势产品出口的基础上，扩大机电产品和高新技术产品出口，通过对外投资和工程承包带动大型成套设备出口，扩大贸易合作空间。中国与“一带一路”沿线国家贸易交流也具有较好的基础。根据商务部发布的数据，2014年，中国与沿线国家的货物贸易额达到1.12万亿美元，2015年第一季度，中国与“一带一路”沿线国家双边贸易额达2360亿美元，占全国进出口总额的26%。

我国与“一带一路”沿线国家巨额贸易交流，构成了人民币跨境流通的基础。自2009年7月我国实行跨境人民币贸易结算，人民币国际化取得了巨大的进展，目前跨境人民币贸易结算已占到中国对外贸易的15%，人民币已经成为全球仅次于美元的第二大贸易结算货币，也成为周边国家和地区贸易的主要结算货币，并在“一带一路”沿线国家贸易中表现出较好的可接受性。采用人民币作为计价和结算货币，这样能够带来贸易效率的提升，便利双边贸易的进行，从而进一步扩大我国与相关国家的贸易规模。随着“一带一路”倡议的推进，我国与沿线国家的沟通合作进一步加强，我国向这些国家出口相关设备、建设以及运营管理服务，货物与服务贸易出口规模不断提升，“一带一路”沿线国家对我国出口规模也将上升。初步预计，未来10年，我国与沿线国家货物贸易有望突破2.5万亿美元。因此，未来贸易结算中对人民币的需求也将进一步攀升，促进人民币的国际化发展。基础设施建设项目的人民币融资也会推动我国与相关国家货物贸易，我国向“一带一路”沿线国家提供基础建设融资资金支持的前提条件之一是需要采购我国产品。在人民币国际化程度提高后，“一带一路”沿线国家使用人民币融资，再用人民币向我国企业采购产品便是顺理成章之事。

3. 中国在“一带一路”沿线国家投资对人民币国际化的需求

2013年，在中国对外直接投资前20位的国家和地区中，有10个是“一带一路”沿线国，表明沿线国在中国对外直接投资中的重要地位。2014年，中国成为全球第二大对外直接投资国，“一带一路”沿线国家是中国企业对外投资热点地区。2014年，中国企业在沿线国家非金融类对外直接投资达到125亿美元，占全国的12.2%。商务部统计数据显示，2015年1月－5月，中国企业共对“一带一路”沿线的48个国家和地区进行了直接投资，投资额合计48.6亿美元，同比增长3.7%，主要投资国家包括新加坡、印度尼西亚、老挝、俄罗斯等。由于沿线国家资本存量较低，我国未来对外直接投资还有很大空间，还可以扩大双向投资合作，推动我国与“一带一路”沿线国家的经贸合作由一般商品贸易向相互投资转变，形成投资带动商品贸易、贸易与投资良性互动、共同发展的局面。未来我国轻工、纺织、建材等传统优势产业和装备制造业走出去投资设厂，重化工产业也会加大对矿产资源富集和基础设施建设需求较旺的沿线国家投资，进一步扩大人民币计价的海外融资规模。

4. 规避“一带一路”沿线国家贸易投资风险对人民币国际化的需求

“一带一路”沿线国家多为资源出口国，我国与这些国家贸易中大宗商品进口占较大比重。如哈萨克斯坦，据2011年至2013年平均出口数据，其矿产品出口占对华总出口的71%。其他中亚国家也大多如此，大宗商品占对中国出口的比重很多。而当前大宗商品市场供大于求的局面短期内难以破解。国际贸易中大宗商品一般是以美元作为计价结算的货币。Goldberg认为，由于货币使用的惯性，大宗商品以美元计价地位难以改变。但如果继续以美元结算，当前美元一直走强的情况下，大宗商品价格很大下行压力，贸易风险巨大。因此，使用人民币作为交易融资货币，对我国以及“一带一路”沿线国家双方都可以避免因美元币值波动所产生的汇率风险，这也会增加对人民币交易的需求。

此外，在当前美元居于主导的货币体系中，“一带一路”沿线国家都是以出口作为经济发展的重要方面，出口的产品大多以美元计价，一旦美元出现问题，由于货币错配会造成对外贸易的困难。还有“一带一路”沿线国家的基础设施建设融资、基础设施的性质决定了需要大量长期的资本，但是这些国家往往融资是短期资本，造成期限的错配。采用人民币作为我国与“一带一路”沿线国家贸易融资及投资的货币，可以解决货币错配问题，而来自亚洲基础设施投资银行、丝路基金以及中国金融机构基础建设投资则对于货币期限错配问题也可以很好解决。

所以，基于防范我国与“一带一路”沿线国家贸易融资、投资货币风险的目的，人民币的地位会得以提升，进一步推动人民币的国际化进程。

三、实施“一带一路”倡议促进人民币国际化的基础要素建设

1. 实施“一带一路”倡议，推进我国金融机构的国际化

随着“一带一路”倡议的推进，加速中国企业“走出去”的步伐。中国企业在“走出去”时需要我国金融业的支持，像江铜集团、中化这些企

业，在“一带一路”沿线国家，“走出去”首选合作的金融机构就是我国的银行业。我国银行业须加快国际化进程，增加我国企业“走出去”过程中使用人民币的便捷性。一方面需要鼓励企业对“一带一路”沿线国家投资过程中尽量使用人民币，另一方面作为提供基本金融服务的中国银行业也需要紧跟国家战略，抓住发展机遇，积极进行海外机构布局，扩大境外的业务发展。这样才能给“走出去”的中国企业提供更好的金融服务。例如，中国银行在“一带一路”沿线 16 个国家有分支机构，极大便利了我国企业的跨国投资经营，也促进了银行自身的发展。

随着“一带一路”倡议的进一步实施，银行业会加大海外网点扩张，构建多层次的海外机构网络。“一带一路”沿线 65 个国家和地区，未来还有很大的发展空间。我国金融机构的国际化会为人民币的国际化提供保障。

2. 促进人民币支付清算体系的完善

自“一带一路”倡议提出以来，我国与沿线国家货币互换、人民币跨境业务迅速增长。截至 2014 年年底，中国人民银行已与 28 个国家和地区签署货币互换协议，其中“丝绸之路经济带”上的国家就占 10 个。人民币在境外市场的发展客观的对推动人民币清算行的设立提出了要求，因此，成立人民币清算行，设立人民币清算中心，将进一步提升人民币国际化进程，扩大人民币在全球经济中的认可程度。“一带一路”倡议下，跨境贸易与商务规模快速增长，将带动跨境支付行业大规模发展。为了满足“一带一路”沿线建设的需要，支持我国相关机构人民币对外贷款和投资，鼓励“一带一路”沿线国家企业和居民接受人民币，使用人民币，我国需要加快建设人民币跨境支付系统，满足“一带一路”沿线国家人民币跨境支付和清算的需求，提升使用人民币的便利性。人民币清算支付体系的成立就使“一带一路”沿线国家当地银行可以直接经营人民币业务，不需要通过中国及中国香港等地的清算银行进行清算业务，有助于降低人民币进行海外支付的风险，促使更多国际贸易使用人民币结算。

3. 促进人民币的自由兑换，进一步放宽资本管制

中国已经是世界第二大经济体，但人民币还不是自由兑换货币，虽然人民币跨境结算启动之后，人民币跨境计价结算的规模不断扩大，但是自由兑换还是约束人民币国际化的重要因素。“一带一路”倡议的实施，必然会对“一带一路”沿线国家的货币以及其他国际货币与人民币的兑换提出更多需求，促进人民币自由兑换的进程，进一步放宽资本的管制。当前，中国一直在稳步推进资本项目开放。目前，国际货币基金组织（IMF）资本项目确定的40个项目，我国实现了36项，也就是说还有4项，中国就实现了完全或部分的可兑换。这些项目主要内容包括非居民参与国内货币市场、国内居民到境外投资等。在中国政府着力推动的“一带一路”倡议中，需要社会与民间资本的支持，只有放宽相关项目的限制，才可以为“一带一路”倡议提供更丰富的资本。当然资本项目开放必须充分考虑风险因素，应该慎重地、稳健地推进资本项目开放。

四、进一步发挥“一带一路”在人民币国际化进程中的作用及思考

1. 与“一带一路”沿线国家加强区域金融合作

建立我国与“一带一路”沿线国家的金融合作机制，强化沿线各国的金融联系。当前，我国“一带一路”沿线国家的金融合作水平低，金融对实体经济的支持不足，难以满足对金融不断提升的需求。我国应考虑与区域内国家建立金融合作机制，加强我国与沿线各国主权货币的合作，允许区域内各国的银行从事人民币拆借业务，扩大在“一带一路”沿线国家发行人民币离岸债券规模，为沿线各国与我国的贸易、投资提供高效的金融支持。

2. 鼓励在“一带一路”沿线国家建立离岸人民币市场

随着人民币跨境结算的推进，离岸人民币规模不断扩展，但在“一带

一路”沿线国家，离岸人民币市场的发展还需要进一步支持与鼓励，促进在离岸人民币市场金融产品种类的丰富与发展，鼓励我国的金融机构和企业在离岸金融市场发行人民币债券等产品，降低筹集资金的成本。

3. 建立完善的人民币回流机制

当前对于人民币跨境流动还有很多限制，境外人民币存量不断增加，但缺乏相应的投资产品。长此以往，会降低海外投资者对人民币的持有意愿，不利于人民币在更多领域、各大范围发挥作用。因此，建立完善的人民币回流机制，形成人民币的良性循环，对于人民币国际化的进一步发展具有重要意义。

（作者刘旗为北京物资学院经济学院讲师、博士）

能源领域推进“一带一路”建设的思考

张晓东

推进“一带一路”建设，是我国着眼国内发展面临的新形势、新任务、新要求，主动应对全球形势深刻变化、统筹国内国际两个大局做出的重大战略决策，是积极参与全球治理、构建新型开放型经济格局的战略设计。能源是经济社会发展的物质动力，是国际合作交流的重点领域，是全球经济持续稳定发展的重要支撑，世界绝大多数国家不可能离开国际合作而获得能源安全保障。能源领域推进“一带一路”建设，一方面有利于通过能源国际合作，增进世界各国交流互信，打造全球利益共同体，协同保障全球能源安全；另一方面有利于拓展国内能源发展空间，化解国内经济矛盾，提升能源产业竞争力。

一、能源领域推进“一带一路”建设的基础与条件

21 世纪以来，我国统筹利用国内和国际两种资源、两个市场，坚持政企协同、互利共赢、开放创新，大力实施“走出去”战略，能源国际合作成效显著，油气供应能力大幅增长，企业国际竞争力明显提升，全球话语权稳步增加，有力地保障了国家能源安全，为国内经济快速发展奠定了坚实的基础。同时，应当看到，我国的能源安全形势依然严峻，油气对外依存度高，油气进口渠道相对集中，主要进口国政局不稳，进口通道面临多重风险，国际能源市场话语权仍然较低，迫切需要从战略层面与世界各国开展多层次的能源国际合作与交流。

当今世界能源格局正在加速调整。从供求格局来看，北美页岩油气革命使北美产能快速增进，世界油气供应正在形成中东、中亚、非洲、美洲

等多级发展格局，而亚洲、非洲等大多数发展中国家成为推动未来全球需求增长的主要力量。从科技创新和能源演进来看，全球能源技术进入高度活跃期，可再生能源、非常规油气进入规模化开发阶段，智能电网和电动汽车步入产业化，可燃冰、先进储能有望取得新突破，清洁、高效、低碳、智能成为世界能源发展的主基调，世界能源发展逐步步入煤、油、气、可再生能源和核能多元发展的新格局。从地缘政治格局来看，能源是全球竞争博弈的重要领域的地位未变，欧佩克加强对资源的控制，极力维持国际能源市场的主导权，俄罗斯极力开辟南欧、东亚等能源出口新通道，中东、非洲等重点产油区局势动荡，美国“页岩气”革命后对能源市场的影响力加大，逐步从控制生产向控制海上运输通道转移，在能源需求宽松的形势下，亚太能源进口国在全球能源市场和能源治理中的地位正在上升。

为了应对国内外能源形势变化，2014 年 6 月，习近平总书记在中央财经领导小组第 6 次会议上提出，要推进能源消费革命、能源供给革命、能源科技革命、能源体制革命，加强全方位国际合作。随着国内经济步入新常态，2014 年以来，国内能源消费增速放缓，结构调整步伐加快，我国全局性能源供求紧张的矛盾得到很大缓解，但是局部性、结构性矛盾仍然突出，特别是能源结构调整和替代过程中煤炭和新能源装备等产能过剩，国内油气供应能力不足，以及应对全球油气市场风险能力弱等。能源领域推进“一带一路”建设，是落实总书记提出的“四革命一合作”战略，化解国内能源发展矛盾，实现开放条件下保障能源安全的具体行动。

从国内外发展现状及形势来看，能源领域推进“一带一路”建设具有良好的基础和条件。主要体现在以下几个方面：

1. 国内能源产业发展基础较好

经过改革开放 30 多年的发展，我国基本形成了完整的能源产业体系，国内能源安全保障基础较好，能源科技创新和装备制造能力显著提高，具备大规模向国外进行产能投资合作、科技装备和服务“走出去”的条件。国内大型水电筑坝和 70 万千瓦水轮机组设计制造、特高压输电、复杂区块油气开发技术水平世界领先；可以自主设计、制造、建设、运行先进压水堆核电站，千万千瓦煤炭综采设备、百万千瓦超超临界火电机组、5 兆瓦风电机组、千万吨级炼油工程成套设备已实现国产化。目前，国内大型现代化煤矿装备年制造能力超过 1 亿吨，高效清洁火电设备年生产能力接近 1 亿千瓦，百万千瓦级核电机组年制造能力 8 ~ 10 套，大型水电装备制造能力超过 1000 万千瓦，风电装备制造能力超过 3000 万千瓦。

2. 与周边国家合作潜力较大

我国陆上有 14 个邻国，海上有 6 个国家隔海相望，对外合作立体空间广阔。“一带一路”周边沿线国家能源资源丰富，与我国有较好的互补性，且多为发展中国家，能源基础设施落后，为我国在油气开发、电力和新能源装备制造、能源供应服务等方面“走出去”提供了可能。中亚五国和俄罗斯油气资源丰富，俄罗斯、哈萨克斯坦、蒙古煤炭资源丰富，缅甸水电资源丰富，这些国家人口密度低，能源开发潜力大。经过多年的双边合作，我国与周边国家在能源资源开发和能源基础设施互联互通上已形成了良好的基础，建成了中俄、中哈原油管道以及中亚 A、B、C 线和中缅天然气管道，年输送能力达到 3500 万吨和 670 亿立方米，初步形成了三大陆路油气进口战略通道，与周边国家建成 8 条跨国输电通道。

3. 能源对外合作广度和深度逐步拓展

从 20 世纪 90 年代初鼓励国有油气企业海外投资，实施“走出去”战略以来，历经 20 多年的发展，能源国际合作的品种更加多元化，从最初的油气为主，逐渐拓展到电力、煤炭、新能源和能源科技装备；能源合作方式逐步创新，从传统的权益生产投资，逐步拓展到加工贸易、服务贸易、能源贷款等；合作对象不断丰富，已经从能源生产国为主的“纵向模式”逐步向覆盖能源生产国、消费国和途经国的“复合模式”转变。据有关统计，2005—2014 年期间，我国对外百万美元能源国际合作项目共计 464 项，总投资 4501 亿元。目前，已与 40 多个国家和地区开展油气勘探合作，形成了俄罗斯—中亚、非洲、中东、美洲和亚太五大境外油气基地，2014 年境外权益油气产量 1.3 亿吨油当量。

4. 周边开放格局初步形成

我国大力实施沿海沿边开发开放政策，积极推进全方位区域发展战略，从2008年起，国家陆续出台了江苏沿海、海峡西岸、辽宁沿海、黄三角经济区区域发展规划，以及支持新疆、内蒙古、云南、广西、东北振兴发展指导意见，从区域发展上明确了沿海沿边区域在国际合作中的地位和作用，从政策上支持这些区域与周边国家开展双边能源合作，建设区域能源市场交易中心。与此同时，周边许多国家也在能源资源开发与设施建设方面表现出越来越开放的态度，许多国家更希望在加大本国能源资源开发的同时，借助国外的资源和技术改造本国基础设施，改善本国生产生活条件。双边开发合作意愿为增进互信、深化合作创造了良好条件。

二、能源领域推进“一带一路”建设的主要任务

当前，全球经济复苏曲折，各国面临着各种各样的矛盾，能源领域推进“一带一路”建设，需要紧紧抓住全球能源供需格局调整，国内推进能源生产消费革命和全面深化能源改革的机遇，将全方位开展能源国际合作与国内区域开发开放有机结合起来，实施国外资源开发利用、装备和服务出口、区域市场建设三大工程，全面提升能源保障能力、国际产业竞争力、全球能源治理能力，实现开放条件下的能源安全，促进国内经济稳定健康发展。

1. 实施境外资源开发工程，提升资源保障能力

境外能源资源开发，是能源国际合作的主旋律，也是提升合作层次的主要着力点。要发挥中央企业的主渠道作用，多种方式参与境外能源资源开发，加快能源战略输送通道及储备能力建设，提升我国能源基础设施互联互通能力水平和能源资源利用水平，维护能源市场的稳定，提高应对供应中断等突发事件的能力。

（1）多种方式参与境外能源资源开发。发挥我国能源产业链齐全的优势，利用当前国际能源市场宽松的有利时机，通过绿地投资或股权投资等

市场化方式积极参与海外战略性能源资源开发，提高能源资源控制能力。创新“走出去”方式，利用区位优势大力参与周边国家能源资源开发的同时，积极实施链条式转移、集群式发展战略，鼓励在当地加工转化，将成品油、电力等终端清洁能源运回国内。在中亚—俄罗斯资源富集地布局油气深加工产业，一方面积极参与全球竞争，另一方面通过战略输送通道运回国内。在俄罗斯、蒙古、越南等煤炭资源富集地，利用国内成熟技术，参与资源开发并在当地建设煤矿、火电或发展煤制天然气。

（2）继续推进跨境能源输送通道建设。跨境战略输送通道是积极参与境外资源开发，多渠道保障国内油气供应的重要保障。在维护好中亚天然气、中哈原油、中缅天然气、中俄原油等陆上现有骨干油气进口通道，以及海上原油进口港口和 LNG 接卸站的同时，加快推进中俄原油管道复线、中缅原油管道、中亚天然气管道 D 线、中俄天然气管道东线等油气通道建设，积极开辟新的原油进口港口和 LNG 接收站，为扩大油气进口规模、扩宽多元进口渠道创造条件。加强与俄罗斯、蒙古煤炭资源开发谈判，积极推进中俄、中蒙电力输送通道建设。

（3）完善能源储备体系建设。完善国家油气储备制度，建立国家储备与企业储备相结合、战略储备与生产运行储备并举的油气储备体系，提升油气安全保障能力。启动国家石油储备三期工程，加快天然气储气库建设，提高储气规模和应急调峰能力。统筹国内油气资源开发与国外油气资源引进，推动在新疆、东北等油气资源储量丰富、承接国外油气资源进口的地区进行资源储备试点。

（4）建立基础设施市场化运营机制。按照多元投资、独立运营、公开准入的原则，探索建立油气储库“建管分离、宏观调控、商业运作”的市场化运营模式，实现油气储库在不同使用主体之间的共用共享。发挥保税区在进出口加工、国际贸易、保税仓储等方面的政策优势，探索建立进口石油储备的保税区制度，按照储备条件、便利程度、运输条件等，实施市场化运行。

2. 实施装备和服务“走出去”工程，提升产业国际竞争力

以服务于境外能源资源开发为目标，依托区域产业园区，大力培育和

发展勘探开发技术研发、炼油化工、装备制造、天然气加工利用等特色产业集群，推动装备和生产服务“走出去”，提高区域油气产业的综合竞争力。

（1）建设国际产业园区。发挥我国西部地区资源、区位优势和西向开放窗口的作用，以自贸区建设为标准，建设涵盖炼油化工、油气贸易、仓储物流、装备制造等产业的新疆能源国际产业园区，给予产业、投资、税收、金融等优惠政策，打造陆上丝绸之路经济带的油气中心、精细化工产品生产基地、高端装备研究中心和制造基地。统筹东部油田开发及装备制造业发展，在山东东营、河北曹妃甸等地，建设能源装备制造产业园区。在蒙古、缅甸等能源资源丰富国家，结合当地资源状况，积极发展高耗能产业，鼓励国内相关产业“走出去”，利用当地能源进行产业深加工。

（2）开展能源勘探开发和供应服务。能源生产服务是适应经济全球化、全方位参与全球产业分工的重要举措，也是加强能源国际合作、推动技术和装备出口的有效途径。在能源资源国加强能源资源控制的背景下，要加强油气、煤炭勘探开发服务，通过服务增进国际信任与合作，拓展资源产业链延伸服务，特别是距离我国较远的非洲、南美等。抓住亚洲、非洲诸多发展中国家着力改善民生、加强能源基础设施的机遇，积极参与当地能源基础设施建设、通过市场化方式参与能源基础设施管理、运营，如积极参与东南亚国家电网运行管理、油气管道建设。

（3）提升装备制造能力。依托新疆能源综合产业园区，重点针对中亚地区及俄罗斯西部管道工程建设、中东地区沙漠化建设环境，建设面向境外的装备制造基地，推动区域油气装备制造产业创新发展，提升自主设计、总包建造、核心设备配套能力。利用国家振兴东北老工业基地的政策优势，以及大连沿海区位和产业优势，打造大连海上油气进口装备制造基地。针对“一带一路”油气管道建设中面临的管道口径大、输送压力高、输送距离长、地质条件复杂等工程难题，通过技术创新，将管道工程建设与新一代信息技术进行深入融合，积极推动油气管道建设和运行向安全、智能、高效、环保的方向发展。

（4）完善科技创新体系。适应全球能源变革趋势，针对“一带一路”区域资源禀赋特征，建立勘探开发技术研发中心，加大研发投入、引进先进技术、合作创新研发，提升特种地质条件下的勘探开发技术水平。跟踪非常规、深水、深层、极地、天然气水合物等前沿技术发展方向，在西部地区建立非常规技术研发中心，实施技术储备。完善成果转化激励政策，创新培养、用好和吸引人才机制，构筑参与国际油气竞争合作的新优势。

3. 实施区域市场建设工程，提升国际治理能力

市场体系建设是全球治理能力的最终落脚点。适应国际能源供求形势变化，要利用亚洲作为未来能源消费中心的优势，积极推动区域市场建设，扩大对外开放及政策、信息沟通与交流，提升对国际市场的影响力和话语权。

（1）发展亚洲油气交易市场。利用中国市场和金融优势，大力发展上海油气交易市场，逐步覆盖东亚、南亚、东南亚、中亚和中东地区，将上海建设成为亚太地区原油期货交易中心和天然气现货贸易中心。完善国内政策、市场机制及金融支持，推动“一带一路”区域能源结算货币体系的改革与创新，适时推出人民币计价的原油和天然气现货和期货产品。积极参与国际市场的油气交易，增强对国际油气价格的影响力。

（2）建设区域开放市场。做好区域市场建设的顶层设计，建立各类要素在区域市场流动的关税优惠、通道便利、口岸开放、人员流动、物资装备进出口等制度框架与流程体系。深入推进国内油气行业市场化改革，推动石油天然气上中下游各领域的市场准入。积极发展混合所有制经济，为在整个能源行业充分引入竞争、积极参与区域开放市场建设创造条件。构建区内政府间的能源信息资源共享平台，建立能源信息披露制度，各国定期发布与能源相关的政策、税收、价格、供需等方面的数据和信息，引导市场预期。

（3）主动参与全球能源治理。积极主动参与双边、多边和国际性能源组织（IEA、能源宪章）及高端论坛，突出参与能源规则的引导和制定。加强与国际组织的合作交流，推进与上合组织、G20、APEC 在能源合作、能源规则、基础设施建设等方面的合作。设立中国油气信息统计分析中心，定期发布中国油气信息和世界能源展望报告，主动引导市场。

（4）建设开放合作共享的智力支持体系。合作举办“一带一路”能源

发展论坛，开展全球及区域能源产业发展、市场需求、战略储备、合作政策等研究，分享提高能源效率和新能源开发的经验，形成常态化、互利共赢的交流合作机制。扶持我国及国外能源智库建设，通过能源智库制定议题、开展研究，引领区内油气行业合作和发展，扩大国际影响力。推动建立“一带一路”国家油气合作的联合协商机制，加强经济、贸易、科技、文化等方面的政策协调。

三、落实“一带一路”倡议的保障举措

1. 强化政府指导协调

充分发挥国家能源委员会、推进“一带一路”建设工作领导小组等的协调作用，加强战略规划的引导，完善政府指导协调机制。鼓励各类能源企业发挥比较优势，积极实施“走出去”战略，提升企业的国际竞争力和抗风险能力，特别要重视发挥民营企业制度灵活、抗风险能力强的优势，鼓励参与境外战略能源资源开发，消除国有企业投资被认为是“主权财富基金”的障碍。制定行业规范，加强行业自律，最大限度地实现国家利益，避免国外无序竞争。建立国家能源投资预警机制，对能源资源丰富国家的国情、文化、法律等进行系统综合分析，提出境外投资建议，引导企业选择政局相对稳定、政策可持续性较强、法律制度完善的国家开展投资合作，降低市场风险。

2. 加强国家金融扶持

发挥亚投行、丝路基金、金砖国家新开发银行的作用，支持油气资源合作和能源基础设施建设，推动与有关国家和地区合作设立产能合作基金，为多双边能源合作项目提供投融资支持。鼓励开展 PPP 项目贷款、支持以境外权益为抵押获得贷款、实行境外发债备案制等，为企业参与境外能源资源开发创造条件。运用出口信用保险金融手段，支持货物、技术和服务出口，特别是高科技、高附加值的科技装备出口。利用外汇储备建立海外风险勘探基金，探索外汇储备支持国家能源战略储备的机制。在海外

投资中探索引入民营资本和外国资本，拓展海外投资融资渠道。

3. 创新企业管理机制

对企业海外业务实施有别于国内业务的管理体制和运行机制，赋予海外业务更多决策权，更好地适应国际惯例和规范要求。设置科学、分类、兼顾一体化运营的海外业务考核体系，依据项目类型采用差异化的考核指标。改革用人体制，在条件成熟的地区推行职业经理人制度，主要岗位建立市场化薪酬机制，引进高端管理和技术人才。

4. 健全投资财税支持

简化境外投资项目核准、备案手续。继续对海外投资执行所得税定向返还政策，提高返还比例，支持企业降低成本，增强可持续发展能力。扩大和完善政府对基础性战略性前沿性科研及共性技术研发以及重大自主化装备研发的支持机制。研究和建立国家对企业承担重大战略合作项目在财税等方面的政策支持，建立和完善对境外油气投资企业带动工程建设、工程技术、物资装备“走出去”的鼓励政策。

（作者张晓东为国家能源局调研员、博士）

“一带一路”背景下低碳物流发展探讨

罗凌妍

2013 年 9 月和 10 月，国家主席习近平提出建设“丝绸之路经济带”和“21 世纪海上丝绸之路”（以下简称“一带一路”）的战略构想，这一战略构想将进一步推动中国和沿线国家经贸上的合作，强化基础设施的互联互通，加快国际物流大通道建设，形成一批商贸物流中心。

在“一带一路”倡议背景下，物流业迎来了行业大发展的机遇，在抓住机遇有效发展的同时，也要紧跟经济发展的时代潮流。目前，各国的发展政策和对外贸易规则中一个显著的特点就是在强调低碳发展，物流业作为碳排放大户，也应与时代发展要求接轨，有效实现行业的低碳化。

一、低碳物流的概念

低碳物流目前尚无统一概念，不同学者提出了不同的看法：崔民选提出，低碳物流是将低碳、环境保护思想融入所有的物流环节之中，采用流程管理技术和科技手段提高物流效率，降低整个物流过程的碳排放，形成从原材料采购到产品设计、制造、交付和生命周期支持的完整的绿色物流体系，从而形成以低碳为主要特征的环境友好、可持续发展的绿色生态体系。[1] 王艳等认为，低碳物流运行于整个物流系统中，通过先进技术实现低碳运作，最终促进经济的持续、良性、循环发展。[2] 杨洪指出，低碳物流是指在物流运作过程中以低排放、低消耗、低污染为总体目标，利用先进的节能技术、可再生技术、温室气体减排技术，以达到在物流运作的各个环节减少碳排放量，降低人类物流活动对环境破坏的目的。[3]

综合前面相关概念，低碳物流实质上是利用低碳技术和先进的管理方法，优化物流资源配置，降低物流活动的资源消耗和碳排放，以达到有效保护环境的目的。

二、“一带一路”背景下发展低碳物流的必要性

1. 发展低碳物流是“一带一路”中开放合作、互利共赢原则的要求

“一带一路”倡议的提出旨在推进与亚欧非各国全方位的务实合作，其中的合作重点就包括推动国际骨干通道建设，强化基础设施绿色低碳化运营，积极推进清洁、可再生能源的合作，在贸易合作中突出生态理念，共建绿色丝绸之路。这些重点合作内容都显示了“一带一路”倡议对环境保护的重视，在此背景下，物流业践行低碳化发展成为必要。

2. 发展低碳物流是我国作为“一带一路”倡议者树立自身良好形象的要求

2013 年，中国出现的大面积、常发性的雾霾天气严重影响了人民群众的正常生活，也使中国经济发展中存在的环境问题暴露在世界公众面前。中国作为一个负责任的大国，在自己的发展中一直坚持和倡导绿色低碳发展，要有效缓解目前面临的环境危机，树立起负责任的大国形象，就要从行业节能减排开始做起，从物流行业的低碳化到逐步实现全国各行各业的低碳化，从根本上扭转环境问题面临的现状，为“一带一路”倡议合作伙伴起到一个良好的示范带头作用。

3. 发展低碳物流是中国物流业在更深层次的大开放、大交流、大融合中提高行业竞争力的有效途径

随着“一带一路”倡议的积极推进，中国物流业要更多地走向国际合作，与战略沿线国家的物流开展合作与竞争，就要求国内物流业在重视低碳技术、低碳设备引进的同时重视企业内部资源优化配置、管理方法的革新带来的节能、高效、少污染，这些必然为物流行业带来新的竞争优势。

世界各国在低碳环保的呼吁下不断提高经济贸易活动中碳排放的要

求，有的对高能耗出口品征收碳关税，有的设置绿色贸易壁垒，拒绝进口不具备低碳环保特征的商品。因此，物流业要有效融入全球低碳经济发展的浪潮，在激烈的竞争中占有一席之地，就要提高自身的低碳化水平。

三、我国低碳物流发展现状

1. 政府在低碳物流方面的法律法规不健全，对低碳领域鼓励支持不够

目前，我国没有专门的物流管理部门，物流行业分属于交通、铁道、民航、邮政、商务等不同的部门，多头监管的现状使物流行业的规范缺乏统一性，低碳物流方面的系统法律法规更是欠缺。虽然现在出台了一些有关能源环保的法律法规，比如《可再生能源法》《清洁生产促进法》《循环经济促进法》等，但关于碳排放方面的规定缺乏行业的强制性标准，当出现问题的时候，法律的实施效力往往得不到体现。

2011 年 10 月，国家发改委办公厅发布《关于开展碳排放权交易试点工作的通知》，批准北京、天津、上海、重庆、湖北、广东及深圳作为碳排放权交易的首批试点省份和城市。这些省份和城市的试点目前只在电力、冶金、有色、建材、化工等传统制造业和航空服务业中开展。从各试点省份和城市进行各自碳排放权管理的探索到建成全国统一的碳交易市场还需要几年的时间，在这段时间，碳交易的经济约束激励机制在非试点行业和地区都不能有效发挥作用。

现有关于低碳的法律法规在非试点行业和地区大多以行政命令的方式发挥作用，对企业的评价考核还停留在经济考核为主的阶段，低碳指标仅作为参考性指标；对企业的低碳行为更倾向于精神鼓励，缺乏实质的经济支持，这些都在一定程度上阻碍了物流低碳化进程的加快。

2. 物流基础设施建设水平还有很大提升空间

国家对物流业的重视使近几年物流基础设施建设有了较大发展，但是跟物流发达国家相比，还存在很大距离。而“一带一路”倡议不仅仅涉及国内基础设施的完备，还涉及国内外物流基础设施的有效衔接。我国与中

亚国家的铁路技术标准不统一，在运输畅通性和便捷性上受到一定的限制。除了公路、铁路交通基础设施的连接外，其他方面的基础设施对接情况不理想，在航空运输方面，中国与中亚国家通航的大型机场较少，直达航线也较少，这些都使沿线国际物流合作的效率受限。物流基础设施水平使运输成本降低空间有限，制约了中欧贸易合作。

另外，部分基础设施的配套还有待完善。例如，在一些物流节点有关仓储、运输和配送的配套设施较多，但包装、加工、配货等增值服务方面的配套较少；还有一些地区物流园区建设规划不合理，耗费巨资建成了却招不来商家，造成物流园区的闲置。

3. 物流行业内部资源配置不够合理

物流行业在我国起步较晚，其行业整体发展水平较低。除了新兴的外资和民营企业，大多数物流企业都是由以前传统的物资、运输部门转化而来，条块分割严重，企业缺乏整合，集约化优势和规模效应难以体现。在规模上，大型企业偏少，大多数都是中小企业，这些企业技术力量较薄弱，人员专业水平不高，管理上偏向粗放型。在信息化上，行业整体信息化水平还有待提高，全国性和区域性现代物流信息系统缺乏。部分物流企业还保持“大而全、小而全”的经营模式，没有集中力量提高自己的核心能力，第三方物流在整个物流行业中占的比例不高。部分中小物流企业维持现有的经营尚有困难，如果要其再额外投入人力和财力用于企业的低碳化运营，其运营的可持续性就会受到影响。

4. 企业内部物流活动低碳化水平较低

在现有的物流活动中，部分活动低碳化水平较低。例如，在运输活动中，一些运输车辆能耗超标，在运行过程中产生了大量碳排放物；货物运输中运输线路设计不合理，导致运输线路不通畅、运输过程中空载率过高；在运输货源组织中，未有效联合目的地的物流需求客户，导致返程成本得不到有效补偿。例如，在现有的中欧通道贸易中，从欧洲回程的列车往往货源供应不足，空箱返运浪费了物流资源，提高了成本。

在包装过程中，包装物设计不够合理，在使用中未有效实现循环利用；包装物材料的选取不够环保，随意丢弃导致碳排放的增加。在装卸搬运中，未有效协调，出现较长的等待时间从而引发机械设备能耗的增加。

5. 低碳物流人才和技术的缺乏

在高校教育中，专门开设低碳课程的院校很少，大多数院校都是将绿色物流作为选修课程供学生自由选择，在师资上也很少有学校派老师去接受与低碳主题相关的培训和学习，这些因素导致高校物流教育培养出的学生低碳意识不强。在职业培训中，低碳物流还未被纳入系统计划中，在企业的实际操作中对员工的低碳意识的培训也相当有限。

在低碳技术方面，我国相比国外先进技术水平差距较大，一些低碳产品在性能上还不能有效满足物流企业的要求，部分性能较好的低碳产品又存在成本较高的问题。例如，在碳排放最为集中的运输活动中，关于节能车型的设计、新兴能源车的开发，我国的技术水平都还不够成熟。对于碳中和、碳封存等末端消碳技术，我国尚处于待开发状态。

6. 社会公众低碳意识缺乏

虽然“低碳”一词在中国非常流行，但真正践行到实际中的有限。通常低碳产品基于环境保护的考虑，在技术方面的投入较高，其产品和服务的定价也要高于一般产品，当这些产品和服务在市场上与同类产品竞争时，常出现因价格偏高导致很少消费者光顾的尴尬局面。当涉及切身利益时，社会公众的低碳素养表现水平还有待提高。

除此之外，物流行业的低碳化需要投入高技术含量的设施设备，需要优化现有的管理流程，这些都要付出额外的成本。企业既需要有足够的经济实力，又需要有一定的低碳意识才能有效推进低碳化进程。而物流行业的管理者们部分对于低碳化有畏难情绪而不愿改革，部分错误地认为低碳水平的提高是以成本上升为代价的，没有认识到低碳化带来的长期效益，从而缺乏践行低碳物流的动力。

四、低碳物流发展实现路径

要实现物流行业的低碳化，需要多方的共同努力。它包括国家相关法律法规的完善、经济及政策上的鼓励支持，同时需要企业和行业内部优化管理、有效协调资源，还需要行业技术、人才的支撑，社会公众的配合。其实现路径如图 1 所示：

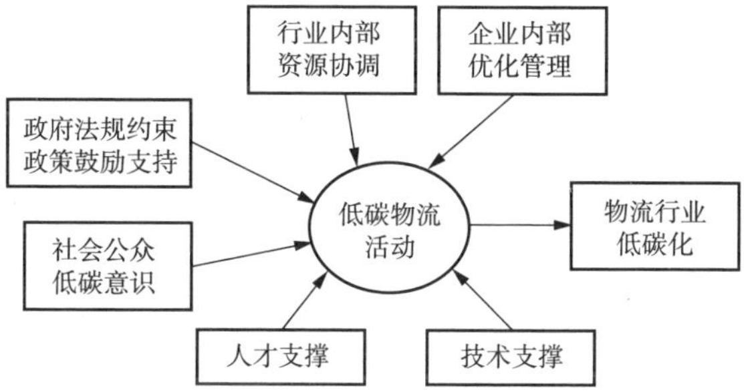

图 1　低碳物流实现路径图

1. 政府要完善管理职能，加强对低碳物流的规范和引导

要充分发挥政府层面的作用，就要设立专门的物流管理职能部门，统一对物流活动进行规范和协调，改变过去多职能部门分头管理、监管不清的局面。政府在制定物流发展规划时要具有前瞻性，既要考虑国内物流资源的有效配置，又要考虑国际物流的有效合作。政府应在“一带一路”沿线重要节点设立专门的办事机构，精简办事程序，为提供国际物流服务的企业提供有效的发展环境，避免烦琐程序和无效等待带来的额外碳排放。

在监管方面，要借鉴国际相关法规，结合国内的实际，由物流界和法律界的专业人士共同商讨，制定专门的物流低碳法律法规，对各项物流活动的碳排放进行细化规制，包括物流设施设备低碳性能上的要求、人员职业技能上的要求及违反规定应受处罚等。对制定的低碳物流法律法规，要严格执行；当出现问题时，要按规定进行处罚，保障其实施效力。

目前，国内碳交易已经在部分省市启动，各试点交易在探索中前进。

政府需要根据试点城市的经验和教训，尽快完善碳交易相关法规，将碳交易逐步推广到全国，从而推动各行各业的低碳化。

除此之外，对于主营业务为低碳技术、低碳产品开发的物流企业，政府可以直接给予低碳补贴基金，而不单单是进行政策鼓励和税收减免。只有给予企业实实在在的经济支持，才能真正激发践行低碳化的积极性。对于技术研发领域资金需求量大的特点，政府可以专门为其开辟绿色融资通道，以低利息甚至无息方式给予研发单位资金支持。

对于在降低碳排放方面表现突出的物流企业，政府可以给予其一定的荣誉称号，并帮助这些企业在公开活动中进行免费宣传，进一步扩大其影响。

2. 推进物流配套基础设施建设

“一带一路”倡议致力于亚欧非及附近海洋的互联互通，要达到相互融合，首先就要打通运输大通道，包括亚欧大陆桥、中蒙俄、中国—中亚—西亚、中国—中南半岛等合作走廊的通道建设。

国内各地区要按陆上和海上丝绸之路的战略规划，积极推进各项基础设施建设。对于沿海、港澳台地区，要有效发挥沿海城市经济开放程度高、经济实力强的优势，加强沿海的港口建设，强化广州、上海作为国际枢纽的功能。在西南地区加快北部湾经济区和珠江、西江经济带开放发展，有效构建面向东盟的通关通道。推进云南面向南亚、东南亚的有效合作。在西北地区，充分发挥新疆西向窗口作用。内陆地区建立中欧通道铁路运输、口岸通关协调机制，建设沟通内外、连接东中西的运输通道。除了基本的道路建设，还应在衔接点完善各种物流配套设施。在沿线地区大力发展跨境电子商务，建立国家间线上的电子商务中心和线下物流园区，有效实现跨境集中支付和自贸区大宗商品保税交割，有效降低物流成本，实现区域合作的共赢。一旦陆上通道物流成本降低，就会形成良性循环，促进推动陆上通道贸易和物流进一步发展，催生出物流相关的物流信息、物流大数据、物流金融等高端行业发展。

3. 行业层面牵头进行行业资源优化配置

在信息化方面，行业层面可以牵头联络大型物流企业，集中其技术和资金，研发行业标杆性信息系统，然后在行业内部逐步推广；对于中小企业，行业协会等可以作为中间人牵线使其相互合作，共建或共用物流信息系统。除此之外，还要积极联络大中型物流企业与其稳定客户实行信息平台共享，合理安排物流资源，实行双向物流。在“一带一路”倡议下，沿线各国将加强基础设施建设规划，共同推进国际骨干通道建设，并逐步形成连接亚欧非之间的基础设施网络，这些网络一旦联通，就能在大区域范围内来协调资源配置。

行业内资源的优化配置，不仅在国内，还包括国际上与周边国家在国际通关、换装、多式联运方面进行衔接，实现国际运输的便利和低碳化。

在国际物流活动中对业务不密集且范围有交叉的地区，物流企业可以联合起来加强中转节点的共享，减少重复建设，提高物流效率。不同区域的行业协会要联合起来，在行业内部要树立全国一盘棋的思想，构建企业之间稳固的横向联系与合作伙伴关系，打破业务范围、地域、所有制形式的限制，鼓励强强联合，组建跨区域的大型物流集团，实现资源的最优化利用。与此同时，要与国外的物流企业有效沟通，推进返程列车或货轮货物装载率的提高。

4. 将低碳贯穿于物流活动全过程

物流行业在设施设备的采购中应制定严格的准入体系，只有碳排放达到一定标准的设备才能纳入采购备选范围，与此同时，对已有的高能耗、高排放的设施设备逐步淘汰。对于设施设备可以对其各种操作模式进行初步评估及定期再评估，以确定最佳低碳模式。同时，定期对设备进行检修保养，以提高其使用效能，减少碳排放。

在能源上，尽可能采用新兴能源和环保型能源。在运输方面，可以更多地选择天然气、电、生物燃料驱动的运输工具。目前，不少物流企业已经采用了电动叉车、天然气货车等低碳设备，在抑制碳排放上取得了很好的效果。在物流园区或者大型仓库等建筑的设计上，可以设计太阳能转化系统，将太阳能转化为电能用于园区或仓库的日常照明，减少资源消耗带来的碳排放。

除了低碳设备和新兴能源的采用，物流行业还需要将企业内部资源进行有效协调。例如，在运输中，将车辆运行跟踪系统与客户货物追踪系统统一起来，这样就能及时了解客户货物抵达时间、地点，及时安排车辆就近运输，提高运输效率，节约时间。在运输方式的选择上，采用甩挂、多式联运等更有效率的运输方式，提高单车运输效率以节约资源。

在物流相关材料的选择上，优先选择可重复利用、易降解的材料，以降低碳排放的可能性。对于物流活动产生的废旧包装物、废弃产品或设备，要及时做好回收或再加工处理，避免随意丢弃所产生的废弃污染。

5. 多渠道培养低碳物流人才，积极探索低碳技术

在高校中，物流相关专业可以选派几名专业老师接受系统的低碳理论的培训，组织老师合作编写低碳物流相关教材，逐步在师资和教材上完善起来，使低碳物流教育在高等院校开展具有可行性。在职业培训中，需要物流行业职业培训部门完善培训体系，使物流从业人员的职业培训充分体现低碳性。学校和物流企业可以开展合作，共同培养低碳物流人才：企业人员到高校系统学习理论知识，高校学生到企业中实践低碳理论，达到双赢的效果。

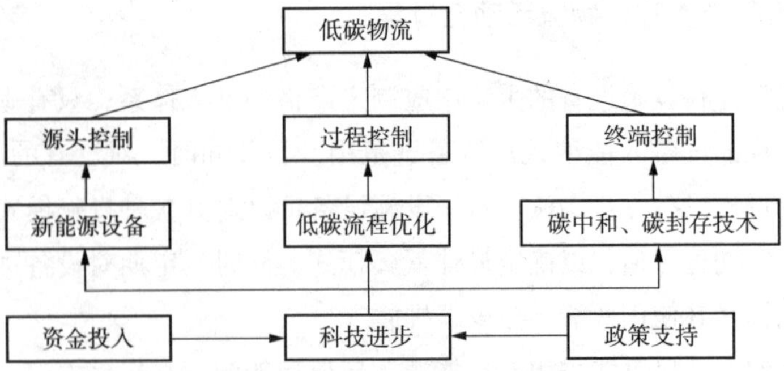

图 2 科技进步促进低碳物流发展图

要想利用科技进步促进低碳物流的发展，就要做好科技进步的基础保障工作。要有效依靠科技进步，资金和政策的支持必不可少。在“一带一

路”的战略中，资金融通是重要一部分，这就需要中国与沿线国家开展金融合作，有效融通资金，用于新技术的研发；另外，技术的使用也需要各国在政策上进行沟通和交流，形成积极支持低碳技术研发使用的政策保障机制。在低碳技术上，加强沿线国家间的科技合作，对于新能源设备的改进、物流流程的优化、碳中和及碳封存技术方面，共建联合实验室或研究中心，促进科技人员的交流，合作开展重大科技攻关，以共同提升科技创新能力。

针对国内的技术现状，要对已有的先进技术，比如计算机网络技术、条码技术、信息分析与分拣技术、卫星定位系统等加大利用，以有效优化物流资源，减少碳排放。而对于目前物流活动中还没有解决的技术问题则需要进一步加大研发力度。鼓励物流技术人员进行对外交流，多了解国外先进的技术成果，激发更多的研究灵感。同时，对于目前已经开发的新成果，要逐步提高其经济性和实用性。

6. 通过有效宣传增强公众低碳意识

首先，政府应该通过电视、报纸、网络等多种媒介进行低碳宣传，让人们了解忽略低碳问题带来的严重后果和开展低碳活动的有效途径。其次，政府可以定期召开企业“低碳之星”的评选，把每次的评选结果进行公告，给企业一定的压力，促使其自觉在企业内部开展低碳活动。最后，政府要将宣传贯彻到人们的日常生活中，让宣传部门和各社区进行有效联系，做到低碳宣传进社区，使所有民众都更多地接受和学习低碳相关知识。

在企业层面，首先，管理层要树立起低碳意识，经常在单位内部开展低碳竞赛，对低碳节能方面表现突出的个人或部门进行奖励。其次，建立低碳物流绩效考量指标，将低碳考核常规化，从而促进物流行业从业人员的低碳意识。

五、结语

低碳物流是我国实现生态发展观的重要组成部分，它对经济的可持续发展和环境的有效保护具有重要意义。作为“一带一路”的倡议者，在这一战略实施中大有作为的物流行业应该起到良好的示范带头作用，以低碳化的姿态参与沿线的经济交流与合作。物流行业的低碳化是一个长期的过程，只有企业、政府和社会公众共同努力，才能早日实现这个目标，推动社会经济的健康发展。

参考文献

[1] 陈建宏，秦文展. 我国西部地区发展低碳物流的思考 [J]. 西藏大学学报（社会科学版），2011，26（1）：25.

[2] 王艳，李作聚. 浅谈低碳物流的内涵与实现途径 [J]. 商业时代，2010，（14）：32 -33.

[3] 杨洪. 低碳经济视角下我国低碳物流发展研究 [J]. 山西财政税务专科学院学报，2012，14（4）.

（作者罗凌妍为北京师范大学珠海分校物流学院副教授）

“一带一路”倡议下国际物流服务网络参与产品供应链的协调策略研究

高开仙

一、引言

“一带一路”倡议是国家主席习近平在2013年9月与10月提出建设“丝绸之路经济带”与“21世纪海上丝绸之路”重大战略构想的简称，“一带”主要是从中国贯穿中亚与俄罗斯直达欧洲；“一路”则是穿过马六甲海峡到达印度、中东和东非。战略倡议“一带一路”沿线各国要本着互利的原则，共同打造政治互信、经济融合、文化包容的利益共同体、命运共同体和责任共同体，从而实现中国国际贸易长远的“一体两翼”的发展战略。这为我国与周边国家的深入合作创造了良好机遇，打开了更多的筑梦空间，但同时也对我国产业特别是物流业提出了更多的挑战。

随着社会分工的细化，企业将非核心业务外包的趋势愈发明显，供应链中的各阶企业将物流运作外包而专注自身的核心业务，同时物流企业由之前的被动、从属的业务形态朝着主动与供应链中的企业合作的方向发展，甚至作为核心企业主导供应链，物流服务集成商（LSI）整合功能型物流服务提供商（FLSP），形成以满足产品供应链物流需求为目的的物流服务网络。物流服务网络特别是国际物流服务网络在被动承接物流业务时，产品供应链所呈现出来的对物流服务的需求是产品供应链中所有企业物流需求偏好集结的最终表现，但往往只表现出核心企业的个体偏好，并非各个企业所需物流服务偏好的汇总，这一最终呈现的物流需求必然忽视非核心企业物流需求的个性化诉求。当国际物流服务网络以LSI为核心，

LSI 嵌入产品供应链中企业与 FLSP 之间的结构洞①，通过信息集结优势与产品供应链多边联动，能满足国际产品供应链中企业对物流服务需求的个性化偏好，提升整个产品供应链的收益。因此，在“一带一路”倡议下研究国际物流服务网络参与产品供应链的协调策略就变得很有必要。

二、文献回顾

供应链中的企业是独立的个体，都有自己的利益诉求和单独决策使自身利益最大化的倾向，“双重边际”现象使供应链整体收益下降，协调各方进行集中决策使供应链的总收益达到最大，现有文献大多对集中决策与分散决策的收益进行比较，并通过契约设计以寻求合理的分配方案。许明辉等（2006）研究了只包含一个供应商和一个零售商的供应链中，基于服务提供者的不同，分析了在 Stackelberg 和 Nash 博弈中供应商和零售商的决策。张贵磊和刘志学（2006）研究了由一个供应商和一个零售商组成的二级供应链，建立了供应商和零售商的 Stackelberg 利润分配博弈模型，并引入收入共享契约作为利润再分配的手段，分别分析了供应链主导型和零售商主导型供应链的利润分配均衡。另外，许多学者考虑把第三方物流供应商引入到供应链协调中，谢天帅和李军（2008）应用博弈论建立了制造商与服务商均以利润最大化为定价目标时，第三方物流服务的定价模型，给出了不同系统状态、不同决策方式下第三方物流服务定价的均衡策略及结果，并比较了这些均衡状态的异同。公彦德等（2008）基于单个制造商、单个第三方物流服务提供商和单个零售商组成的供应链系统，将第三方物流服务提供商定量的引入到供应链协调中来，并在物流服务价格由制造商和零售商共同分担的条件下，应用博弈论理论对供应链系统的定价、产量和利润进行了分析。杨德礼和于江（2003）对比在非协同合作与协同合作两种情况下，供应链整体以及供应链中的节点企业与第三方物流间的利润差异，阐明了在供应链管理下，节点企业与第三方物流之间的协同合作不仅可以使供应链整体利润最优，而且还会使双方形成双赢的局面。刘南等（2011）研究了

① 结构洞是两个行动者之间的非冗余的联系（Burt，1992）。

对一个供应商、一个物流服务商以及一个零售商三方组成的供应链结构，通过供应商、物流服务商和零售商三方的合作，提高供应链的总利润。

汪鸣（2015）认为，国家三大战略对物流业发展提出了明确要求，即按照三大战略的国际区域层次、国内区域层次、城市群区域层次，推动物流业一体化发展，密切物流与产业布局发展关系，打造通道化、枢纽化物流网络。建设跨区域物流通道，实现国际国内物流服务一体化以及城镇化地区物流服务的高效化，需要建设网络统筹下的新经济发展空间格局物流体系。我国“一带一路”国家战略的实施，国际贸易和国际物流迎来了发展的新机遇。张良卫（2015）认为，“一带一路”国家战略的实施和自贸区的运行，最终都要由国际贸易与国际物流的协同发展来落地。要增强国际贸易的核心竞争力，实现国际贸易的长足发展，必须有创新的思维和理念。通过促进国际物流与国际贸易的战略协同，大力促进国际贸易的发展，并以广东省为实证提出了促进国际物流与国际贸易协同发展的策略。

从现有文献的脉络看，物流服务网络特别是国际物流服务网络在整个产品供应链中的作用日益凸显。本文沿着这一重要思路，进一步研究“一带一路”背景下国际物流服务网络参与产品供应链的协调策略问题。

三、研究模型

为进一步探讨物流服务网络特别是国际物流服务网络在产品供应链中的重要作用，本文提供的研究模型如图 1 所示。该模型包含一个供应商、一个制造商和一个零售商组成的三阶产品供应链和以 LSI 为核心的国际物流服务网络。

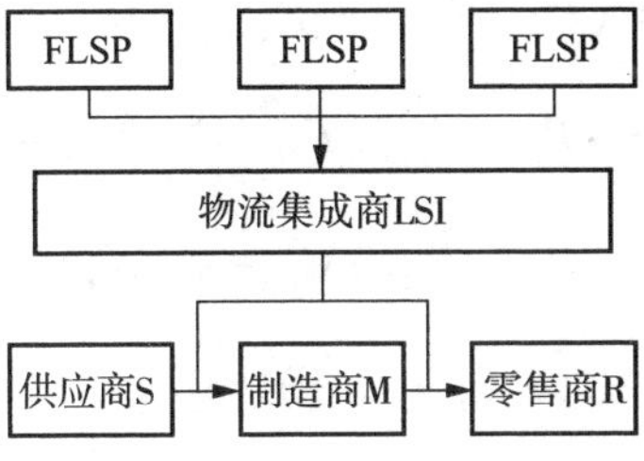

图 1　研究模型

在该模型中，LSI 整合的国际物流服务网络为供应链提供物流服务，物流费用由供应商、制造商和零售商共同分担，模型中各符号含义如表1所示。

表1 模型中各符号含义

符号	S	M	R	L	Q
含义	供应商	制造商	零售商	国际物流服务商	市场需求量
符号	P_S	P_M	P_R	P_{LSM}	P_{LMR}
含义	供应商定价	出厂价	零售价	供应商到制造商的物流服务价格	制造商到零售商的物流服务价格
符号	C_S	C_M	C_R	C_{LSM}	C_{LMR}
含义	供应商产品成本	制造成本	零售运营成本	供应商到制造商的物流服务成本	制造商到零售商的物流服务成本
符号	k_s	k_{sm}	k_{mr}	k_r	
含义	供应商承担物流费用的比例	制造商承担供应商与制造商物流费用的比例	制造商承担制造商与零售商物流费用的比例	零售商承担物流费用比例	
符号	Π_S	Π_M	Π_R	Π_{LSM}	Π_{LMR}
含义	供应商利润	制造商利润	零售商利润	供应商到制造商的物流服务利润	制造商到零售商的物流服务利润

零售商从制造商采购产品，且产品全部销售给消费者，根据产品市场需求规律，设P_R与Q之间满足关系式$P_R = a - bQ$，其中a、b均大于0，假设供应链中所有企业均具有完备的信息，且供应链中的企业的成本信息透明，则各方利润为：

$$\prod_S = (P_S - C_S - k_s P_{LSM}) * Q \tag{1}$$

$$\prod_M = (P_M - P_S - C_M - k_{sm} P_{LSM} - k_{mr} P_{LMR}) * Q \tag{2}$$

$$\prod_R = (P_R - P_M - C_R - k_r P_{LMR}) * Q \tag{3}$$

$$\prod_{LSM} = (P_{LSM} - C_{LSM}) * Q \tag{4}$$

$$\prod_{LMR} = (P_{LMR} - C_{LMR}) * Q \tag{5}$$

总利润为

$$\prod_{total} = (P_S - C_S - k_s P_{LSM} + P_M - P_S - C_M - k_{sm} P_{LSM} - k_{mr} P_{LMR} + P_R - P_M - C_R - k_r P_{LMR} + P_{LSM} - C_{LSM} + P_{LMR} - C_{LMR}) * Q$$

$$= (P_R - \sum C) * Q, (k_s + k_{sm} = 1, k_{mr} + k_r = 1) \quad (6)$$

将 $P_R = a - bQ$ 代入式(6)，得到 $\prod_{total}$ 为关于 Q 的二次凹函数，对 Q 求导数并令其等于零，得最佳数量为 $Q^* = \frac{a - \sum C}{2b}$，将 Q^* 代入式(6)得供应链最大总利润为 $\prod_{total}^* = \frac{(a - \sum C)^2}{4b}$。假设核心企业获得供应链中的全部利润，然后制定相应的契约进行利润分配以协调供应链中的企业，则不同核心企业的定价决策和物流费用分摊情况如表2所示。

表2 核心企业定价决策与物流费用的分摊比例

核心企业	企业定价	物流费用的分摊比例
供应商（S）	$P_s^* = \frac{a + C_s - C_M - C_{LSM} - C_{LMR} - C_R}{2}$	$k_S = 0$，$k_{SM} = 1$；$k_{MR} + k_R = 1$
制造商（M）	$P_M^* = \frac{a + C_S + C_M + C_{LSM} - C_{LMR} - C_R}{2}$	$k_{MR} = 0$，$k_R = 1$；$k_S + k_{SM} = 1$
零售商（R）	$P_R^* = \frac{a + \sum C}{2}$	$k_R = 0$，$k_{MR} = 1$；$k_{SM} + k_S = 1$
物流服务商（L）	$P_L^* = \frac{a + C_L - C_S - C_M - C_R}{2}$	

由表2可知，当核心企业为产品供应链中的企业时，核心企业不承担企业下游物流费用的分摊，由下游企业承担物流费用，即通过减少物流费用的预付额，增加对国际物流服务商的激励，核心企业与上游企业的物流费用分摊比例无约束，如果物流服务成本为服务水平的二次函数（$C_L = \frac{\partial l^2}{2}$，$\partial$ 为成本敏感系数，l 为物流服务水平，C_L 为物流服务成本）[2]、[8]，则由对成本不敏感的企业承担更大比例的物流费用，即可实现物流服务成本不变的同时而服务水平有所提高；当核心企业为国际物流服务提供商时，$P_L^* = \frac{a + C_L - C_S - C_M - C_R}{2}$ 与产品供应链中各阶企业承担的物流费用比

例无关，LSI 嵌入产品供应链的结构洞，同时集结企业和国际物流服务网络的信息，由于 LSI 整合供应链，从供应链的角度提供国际物流整合服务，产品供应链中企业的物流个性化服务需求之间的协调由国际物流服务网络进行，可最大限度地使企业的物流个性化需求得到满足。国际物流服务网络与产品供应链多边联动，国际物流服务网络中的利益分配与服务质量监督由 LSI 完成，而产品供应链中的核心企业只需整合 LSI，可有效降低产品供应链中企业与国际物流服务商的交易成本。因此，基于与产品供应链互动的国际物流服务网络形成路径如图 2 所示。

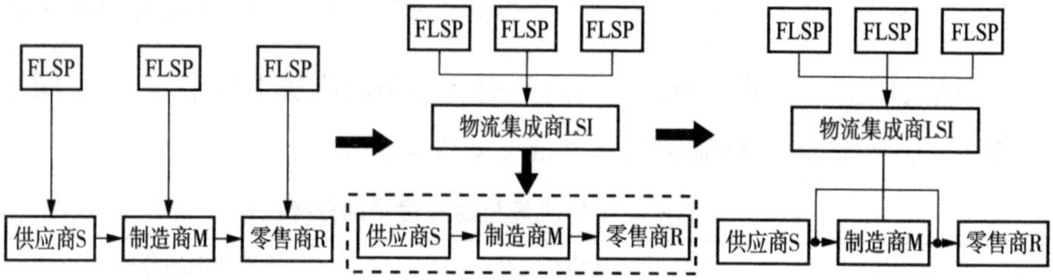

图 2　基于与产品供应链互动的国际物流服务网络形成路径

上述结论可推广到 n 阶供应链中，核心企业为产品供应链中的企业时：

$$P^*_{核心} = \frac{a + \sum_{上游} C - \sum_{下游} C}{2}$$

核心企业为国际物流服务商时：$P^*_L = \dfrac{a + C_L - \sum_{产品供应链} C}{2}$

四、结论与建议

如何协调供应链各节点企业并使之达到共赢，是供应链管理研究的重要课题。国际物流服务网络在整个产品供应链中具有重要的作用，在它的参与下，供应链中成员企业的交易成本降低，也极大地提高了运营效率。本文在“一带一路”倡议背景下，考虑以 LSI 为核心的国际物流服务网络为产品供应链提供物流服务，在集中决策以保证供应链总体利润最大的前提下，LSI 参与了供应链的协调，并分析了在产品供应链中核心企业不同的情况下，各核心企业的定价决策以及产品供应链中物流费用分摊比例的确定，并进一步把该结论推广到 n 阶供应链的一般情形。

21 世纪企业间的竞争已转变为供应链之间的竞争，供应链运营与管理的效率直接影响到国际产品供应链上各阶企业的生存与发展，而“一带一路”倡议的实施也更加要求各阶企业所提供的国际物流服务越来越国际化。因此，企业参与国际产品供应链合作时应转变经营理念，以合作替代竞争，共担风险、共享收益，减少企业在合作中的策略性行为，产品供应链的核心企业对整个供应链的运行与管理起着决定性的作用，基于此，本文提出以下几点建议或对策：

（1）将 LSP 或 LSI 及其国际服务网络纳入到产品供应链中，作为整个协作链条上的一员，由 LSI 管理整个供应链的物流运营，所有企业共同合作。如前所述，在传统的供应链中，当国际物流服务网络在被动承接物流业务时，不管是由供应商、制造商还是零售商管理供应链，其结果都是只考虑其本身利益的最大化，整个市场的利益并不是处于最优状态。只有 LSI 才真正充分考虑整个供应链上每个企业的个性化物流服务诉求，并与整体需求相互权衡，以达到个体和整体的联合优化，同时只有将国际物流服务网络纳入到整个供应链中，才有可能最终使整个供应链利益最大化。

（2）以铁路大动脉为基础建立配送及微循环网络，加快点线串接贯通的“一带一路”国际物流体系建设。在物流业发展的过程中，铁路发挥着巨大的作用。2014 年，国家对铁路投资 6300 亿元，重点发展中西部地区。以“一带一路”铁路建设为基础的物流大动脉发展，将提升物流业的整体效率。“一带一路”是一系列贯穿我国东中西部地区的多条大通道和多个内陆枢纽节点以及衔接各国的多个海陆空海向和陆向前沿据点，在这种背景下就需要在“一带一路”上根据国际国内双向辐射的需要，实现物流枢纽与物流通道的有机串接，形成贯通能力强、涵盖多种物流服务的综合国际物流体系，为其提供具有枢纽集聚能力和通道承载能力的国际物流走廊。“一带一路”国际物流体系的建设，要改变以往思路的物流系统布局，建设具有海向陆向辐射能力的国际物流枢纽，以其规模效应降低整个通道的物流成本。

（3）在国际物流枢纽的支撑下构建能力匹配、路径合理的国际物流服务网络。国际物流服务网络在产品供应链中的互动协调作用已经在本文模型里面得到证明，在它的协调下，整个供应链中的企业的利益诉求都能得到一定程度的实现。但是在“一带一路”倡议的新背景下，国际物流服务网络的协调作用应该在这种跨省跨国别的产品供应链中得到更加有效地体现，以提高新经济发展空间格局下的国际物流网络系统效能。

（4）产品供应链核心企业与 LSI 互动，基于双方企业的互动构建 LSI 的国际物流服务网络。在目前的国内产品供应链中，企业间的互动协调作用体现并不是很充分，在“一带一路”倡议的新背景下，提高效率和降低成本的一个重要途径就是构建一个更加有效的互动的国际物流服务网络。只有当基于互动构建的 LSI 国际物流服务网络完善了，这才能真正实现与整个供应链的运作完全接轨，因此，构建这样一个互动的国际物流服务网络是一个迫在眉睫的问题。

（5）积极推进国际物流服务创新，并尽可能把创新成果扩散到整个产品供应链各阶企业，形成示范效应。国际物流集成商 LSI 与供应链中的核心企业在互动中积极交流，能够促进物流服务的创新，创新型的服务。一方面可以提升物流企业的运营能力，并进一步提升物流企业的竞争力；另一方面，创新型的物流服务可以为供应链中的核心企业提供差异化的服务，满足产品供应链中各阶企业的个性化诉求，增强产品的市场竞争力，为企业转型升级提供有力支撑。物流企业的服务创新也可以通过各种途径在物流服务网络中得以扩散，使得创新成果的作用得到最大限度的发挥，同时，创新型的国际物流服务网络又会对 LSI 与供应链核心企业的互动产生正向的反馈，从而形成互动促进创新，创新驱动互动的良性循环。

当然，国际物流服务网络参与产品供应链的互动协调问题是一个系统工程。比如，关于国际物流服务质量对产品供应链中各方决策的影响，还需要在后续的研究中进一步深入。另外，信息完备的约束对于现实特别是国际物流来讲过于苛刻，在信息不对称情况下国际物流各阶企业的协调也是未来研究的方向。

参考文献

[1] Tsay A. A., Agrawal N.. Channel Dynamics under Price and Service Competition [J]. Manufacturing and Service Operations Management. 2000 (4): 372 – 391.

[2] 许明辉，于刚，张汉勤. 具备提供服务的供应链博弈分析 [J]. 管理科学学报，2006 (2): 18 – 27.

[3] 张贵磊，刘志学. 主导型供应链的Stackelberg利润分配博弈 [J]. 系统工程，2006 (11): 19 – 23.

[4] 谢天帅，李军. 第三方物流服务定价博弈分析 [J]. 系统工程学报，2008 (6): 751 – 758.

[5] 公彦德，李帮义，刘涛. 3PL服务提供商参与下的供应链定价及协调策略 [J]. 商业研究，2008 (11): 162 – 165.

[6] 公彦德，李帮义. 主导模式对供应链决策、稳定性和效率的影响分析 [J]. 管理科学学报，2012 (3): 42 – 49.

[7] 刘南，吴桥，鲁其辉，庞海云. 物流服务商参与时两级供应链的协调策略研究 [J]. 软科学，2011 (10): 125 – 129.

[8] 杨德礼，于江. 供应链管理下节点企业与第三方物流间协同合作的量化研究 [J]. 中国软科学，2003 (3): 51 – 55.

[9] 汪鸣. 国家三大战略与物流业发展机遇 [J]. 中国流通经济，2015 (7): 5 – 9.

[10] 张良卫. "一带一路"倡议下的国际贸易与国际物流协同分析——以广东省为例 [J]. 财经科学，2015 (7): 81 – 88.

[11] 崔双成. "一带一路"倡议下中国物流业发展探讨 [J]. 物流技术，2015 (6): 109 – 112.

（作者高开仙为上海海事大学博士生）

"一带一路"倡议框架下物流企业战略选择研究
——以广东省为例

孙晓波

一、引言

党的十八大以来，国家已相继部署了三大区域性经济发展战略，以优化经济发展的空间格局，"一带一路"建设被列为2015年重点实施的三大战略的首位（另外两项为长江经济带和京津冀协同发展），"一带一路"（"丝绸之路经济带"和"21世纪海上丝绸之路"的简称）战略为我国物流行业的发展带来巨大的机遇（汪鸣，2015）。物流业是我国与沿"带"沿"路"国家进行深入经贸合作的前提与保证。广东省作为海上丝绸之路的南方"桥头堡"，已在多个方面出台相应措施与国家整体规划相衔接。2014年，广东省物流总值为17.02万亿元，占全国物流总量的8%，增加值约为4300亿元，占全国12.6%；社会物流总费用约为1.02万亿元，占全省GDP总量的15.2%。从数据上看，广东省的物流增速和物流效率均超过全国平均水平，总体势头良好，并将在"一带一路"倡议框架下获得更大的提升。作为微观行为主体的物流企业在此大背景下，企业战略重心的调整与转移非常的必要与必需，现有关"一带一路"倡议对物流领域影响的研究大多集中于行业层面（汪鸣，2015；谢泗薪和侯蒙，2015），微观企业视角的探讨较少，本文以物流企业为研究对象，探讨新形势下物流企业的战略选择与调整路径。

二、物流企业战略选择

“一带一路”倡议为广东省物流的发展带来重大机遇（张良卫，2015），基础设施互联互通是“一带一路”建设的优先领域，粤港澳大湾区有全球最大的港口群和机场群，具备成为物流枢纽的基本条件，沿“带”沿“路”经济体经贸合作的加深将会释放巨大的物流需求，国际物流迎来新的发展机遇，基础设施的互联互通将大幅度提升物流运营效率，同时也会出现更多的“利基”市场和全新的物流需求，运营环境的变化驱动物流企业进行战略调整，改变原有的运营模式。

1. 物流联盟

（1）横向物流联盟

物流市场需求的增加和物流服务范围的扩大，单一物流企业难以有效满足客户的需求，物流企业间联盟成为一种行之有效的中间组织形式，物流企业专注于自身的核心竞争优势，通过与其他物流服务提供商（LSP）结成物流服务网络，物流服务网络的实质为多个优势互补的物流企业所形成的虚拟组织，以共同为客户提供优质、高效的物流服务，网络中的核心企业可视为物流服务集成商（LSI），对整个企业网络进行协调，对网络中的资源进行配置优化与运作整合，具体见图 1。

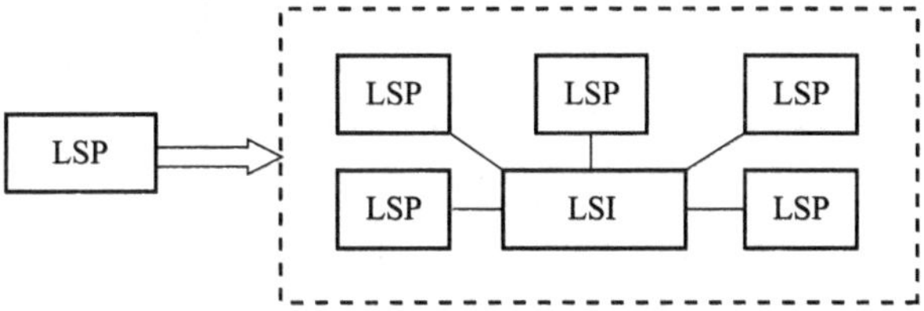

图 1　横向物流联盟

注：LSP 为物流服务提供商，LSI 为物流服务集成商；“⇨”表示发展路径。

（2）纵向物流联盟

沿“带”沿“路”经济体合作的深化，对物流行业提供服务的范围和质量提出了更高的要求。因此，会进一步推动物流企业与客户之间合作的加深，物流企业以往被动适应的合作方式已不能满足双方企业对合作的要求，物流企业需在合作过程中利用自身专业优势，更加积极主动地参与合作，进而实现与客户的互动，[①] 并在此基础上与客户企业所在供应链的上、下游企业多边互动，获取规模经济效应和范围经济效应，企业间基于合作互为正向反馈与调整以产生专属性的合作行为，专属性的合作行为为合作的企业创造“关系租金”（Dyer and singh，1998），外推 pareto 曲线（罗岷，2006），实现多边合作共赢，具体见图 2。

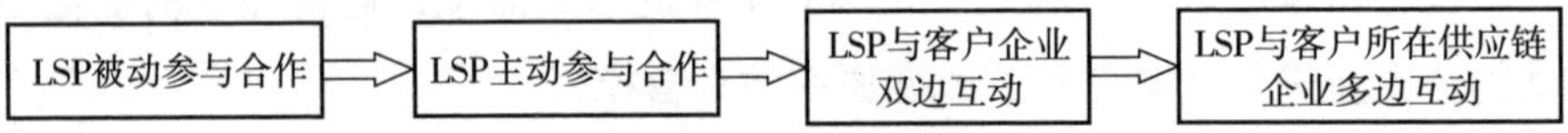

图 2　纵向物流联盟

通过上述分析，可知物流企业为适应新形势，可采取物流联盟的策略，横向联盟以组成物流服务网络，纵向联盟以实现多边互动，横向联盟与纵向联盟的融合（如图 3 所示）可实现物流服务网络与客户所在供应链的企业间多边互动，互动的主导逻辑和终极目标为最终客户（客户的客户）价值的提升。

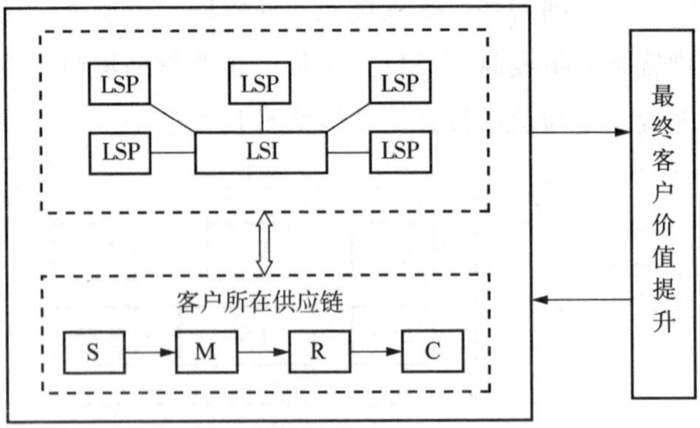

图 3　横向联盟与纵向联盟融合

注：“⟺”表示互动关系。

---

① 企业互动是指合作企业之间的相互交流、合作及相互影响，区别于主体的孤立运营，而是一方主体的行为会引致合作方的反应与回馈（王琳，2011），是企业合作关系的深化。

2. 物流企业创新

"一带一路"倡议推动物流行业的快速发展，物流行业也将因此而重新洗牌，对外部环境变化及时做出应对的企业将获得更好的发展。与此同时，基础设施的建设使得物流技术和物流设施得以快速更新，此时物流企业的创新能力对企业来说至关重要。物流企业创新可以有效满足客户对物流服务深度和广度上的要求，有效降低物流服务成本和改进服务质量，提升客户的物流绩效（Tian et al.，2010）。企业的创新能力是企业获取收益、向客户传递价值的关键能力（Calantone et al.，2002）。可以有效推动企业在动态的市场环境下获得竞争优势，物流服务动态性和合作主体间互动性的特点，决定了有效的物流创新很难由单一物流企业完成，物流服务创新是不同主体通过物流技术创新、组织创新、管理创新和制度创新等，实现物流服务业务创新（周国华，2012），是多主体参与的开放式创新。物流企业的管理创新和技术创新是新形势下企业应对环境变化和参与竞争的主要策略（Carlos Mena et al.，2008）。物流企业通过管理创新，调整、修正原有的计划、决策、控制等体系，在与合作伙伴互动的过程中更新管理理念和管理方式，联结与重构资源和能力组合，调整原有组织结构的运作方式，优化资源配置，适应环境变化对物流企业的全新需求。

物流企业属于生产性服务业，为客户生产、运营提供支撑性服务，需要设施设备和信息系统的支持，由此物流技术扮演着重要角色。物流技术创新是物流服务创新的重要组成部分，是推动物流企业发展的重要动力。物流技术创新与信息技术、工具、装备和设施紧密相连，涉及运输、储存、装卸、搬运、包装配送、流通加工、信息处理等各个物流环节（魏际刚，2006），具体体现在企业组织对先进的物流技术和信息通信技术的开发与应用上，技术创新本身所具有的不确定性、高风险性、技术积累和路径依赖等特征（张红波，2013），使得物流技术创新更多的是渐进式的应用创新（Busse and Wallenburg，2009），物流企业的技术创新更倾向于对现有技术的有效应用，以达到满足客户需求和优化企业资源配置的双重目标，物流装备与信息技术紧密结合，实现高度自动化是物流行业未来发展的趋势（魏际刚，2006）。

物流企业与物流服务网络中的企业以及客户供应链上的企业，在最终客户价值创造上具有互补性，由此物流企业的创新必然会受到各方行为主体的影响，同时外部运营环境和最终客户需求也作用于物流企业的技术创新和管理创新，也就是说，物流企业创新是环境推动和最终客户拉动下的多主体互动式创新，基于此，考虑外部运营环境的变更，将合作伙伴（横向联盟和纵向联盟）纳入物流企业的创新体系，以最终客户需求为导向，进行开放式创新是物流企业在新形势下的合理选择。

三、启示与建议

1. 对物流企业的启示与建议

国家“一带一路”倡议的实施使原有物流行业的生态环境发生变化，物流企业在此过程中的战略调整是适应外部环境变化的必需，同时也是企业自身发展的必然，通过上述对物流企业在新形势下战略重心调整的分析，对物流企业提出如下建议：

（1）构建信息交流平台。加强企业内部和企业之间的信息交流，企业间加强沟通可避免由信息不对称而引致的风险，有效沟通和信息对称是企业间互动的前提与保证，信息交流平台可以支撑物流联盟的构建与运行，加强与客户企业的沟通，及时获悉物流需求变化，通过物流服务网络，更好地与客户企业的运营相适应。

（2）积极主动参与合作。物流运作属于支持性运作的特点使物流企业在提供服务时，习惯性地被动接受客户企业的要求。在需求发生变化时很难及时、有效满足客户企业的需求。物流企业在参与合作的过程中，需要充分发挥自身专业化运营的优势，利用以往的运营经验，对客户企业的物流需求以及需求变化进行合理的资源配置与系统优化，积极参与客户企业的项目运营，为客户企业提供针对性的物流服务，努力实现优势互补和合作共赢。

（3）基于客户的物流需求变化调整自身运营。物流企业成功的前提是客户的成功，通过企业间的合作，物流企业加深对客户的了解，对其物流服务需求的发展趋势和可能出现的情况进行预判与管理，结合自身的运营特点和企业战略，调整运营以适应双方企业的合作。与客户企业适应的过程本身也是物流企业不断调整自身运营，主动改进提高的过程。

（4）加强技术应用与知识管理。物流领域的技术创新更多倾向于应用创新，在与客户企业相互适应和不断沟通的前提下，采用新的技术或设备以满足客户企业的要求，与相互合作的客户企业的技术特征相匹配，物流企业创新能力的提升以便更好地满足客户的需求和需求的变化为逻辑起点。合作过程中强化知识管理，对客户企业的知识转移进行消化、吸收，结合自身特点为客户企业提供个性化的物流服务，拓宽企业服务的范围和深度。

2. 对相关管理部门的启示与建议

实施“一带一路”倡议，政府在此起到关键性的作用，政府管理的范围和程度是物流企业外部运营环境的主要构成部分，以“一带一路”倡议的实施为主线，结合物流企业的运营特点，对相关管理部门提出如下建议：

（1）维护市场秩序，为企业提供公平竞争的环境，不进行政策倾斜以扶持国有企业或大型企业，企业的发展与淘汰完全交给市场；

（2）完善相关法律法规，抑制企业间的恶性竞争，避免重复收费等现象；

（3）规范政务流程，提高审批、检验、通关等的效率；

（4）搭建平台，构建诚信体系，规范企业行为。

四、结论

企业运营外部环境的变化驱使企业做出战略性的调整，国家“一带一路”倡议的实施，对物流行业既是机遇也是挑战，在冷静思考的同时（汪鸣，2015），物流企业需要积极主动地进行战略重心转移和运营思路调整，以有效适应新形势下物流企业发展的需求。本文选取企业视角研究“一带一路”倡议框架下，广东省物流企业的战略调整路径，具体提出三个方面的战略选择：

（1）物流企业与其他物流服务提供商结成横向物流联盟，形成物流服务网络；

（2）物流企业与客户以及客户所在供应链上的企业结成纵向物流联盟，与客户双边互动，与客户供应链多边互动；

（3）物流企业的主要创新内容为技术创新和管理创新，创新形式为开放式的多主体创新。

上述三个战略并非孤立的个体，相互之间皆存在双向反馈和内在关联，也即两两之间均为相互促进、互为因果的关系，其导向和目的为同一因素：最终客户价值的提升，具体见图4。

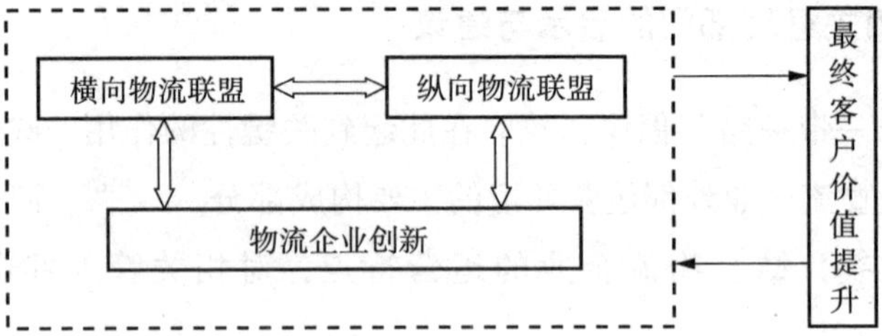

图4　物流企业战略选择

研究不足与展望：

（1）本文只进行了定性分析，未作针对性的实证研究，未来可在此基础上进行进一步的实证研究；

（2）物流联盟（横向和纵向）内部的协调和利益分配机制未作深入分析，接下来的研究工作可从这一方向开展；

（3）物流企业进行开放式创新，本文只考虑了创新中的部分行为主体，最终客户的参与对企业创新同样起到至关重要的作用，未来研究应将最终客户纳入物流企业的创新体系中进行分析。

参考文献

[1] 汪鸣. 国家三大战略与物流业发展机遇 [J]. 中国流通经济, 2015 (7): 5 -9.

[2] 谢泗薪, 侯蒙. “一带一路”倡议架构下基于国际竞争力的物流发展模式创新 [J]. 中国流通经济, 2015 (8): 33 -39.

[3] 张良卫. “一带一路”倡议下的国际贸易与国际物流协同分析——以广东省为例 [J]. 财经科学, 2015 (7): 81 -88.

[4] 王琳. KIBS 企业—顾客互动对服务创新绩效的作用机制研究 [D]. 杭州: 浙江大学, 2012.

[5] Dyer J. H., Singh H. The Relational View: Cooperative Strategy and Sources of Inter - Organizational Competitive Advantage [J]. Academy of Management Review, 1998, 23 (4): 660 -679.

[6] 罗珉. 组织间关系: 界面规则与治理机制 [J]. 中国工业经济, 2006 (5): 87 -95.

[7] Tian, Y., Ellinger, A. E., Chen, H., 2010. Third - party Logistics Provider Customer Orientation and Customer Firm Logistics Improvement in China. International Journal of Physical Distribution & Logistics Management 40 (5): 356 -376.

[8] Calantone, R. S., Cavusgil, T., & Zhao, Y. (2002). Learning Orientation, Firm Innovation Capability, and Firm Performance. Industrial Marketing Management, 31 (6): 515 -524.

[9] 周国华. 物流企业服务创新的影响因素研究 [D]. 武汉: 华中科技大学, 2012.

[10] Carlos Mena, et al.. Innovation in Logistics [R]. Innovation in Logistics Services. 2008: 14 -19.

[11] 魏际刚. 物流技术的创新选择和演进 [J]. 中国流通经济, 2006 (3): 8 -11.

[12] 张红波. 不确定环境下物流技术创新的决策机制——基于制造业

与物流业联动的视角［J］. 中国流通经济，2013（10）：40－46.

［13］Christian Busse and Carl Marcus Wallenburg.，2011. Innovation Management of Logistics Service Providers：Foundations，Review，and Research Agenda. International Journal of Physical Distribution & Logistics Management 41（2），187－218.

（作者孙晓波为北京师范大学珠海分校物流学院讲师、博士）

基于“一带一路”倡议的无人机物流构思

余振宁　王冬良

一、简介

随着我国市场的发展，中国提出了“一带一路”的合作发展理念。21世纪海上丝绸之路的关键中转点有：广州、吉隆坡、加尔各答等。根据我国海上丝绸之路的布局可以看出，马六甲海峡和印度洋是两个十分重要的区域。因此，我国同时提出了“孟加拉国—中国—印度—缅甸经济走廊”（简称“中缅经济走廊”）的发展策略，以此保障海上丝绸之路的安全。该策略可以有效地绕开地理与政治环境都比较复杂的马六甲海峡，让中东的石油等战略资源，直接从缅甸西海岸的马德岛和皎漂港登陆，通过中缅油气管道，途经云南瑞丽、保山、昆明，到达中国腹地，如图1所示。

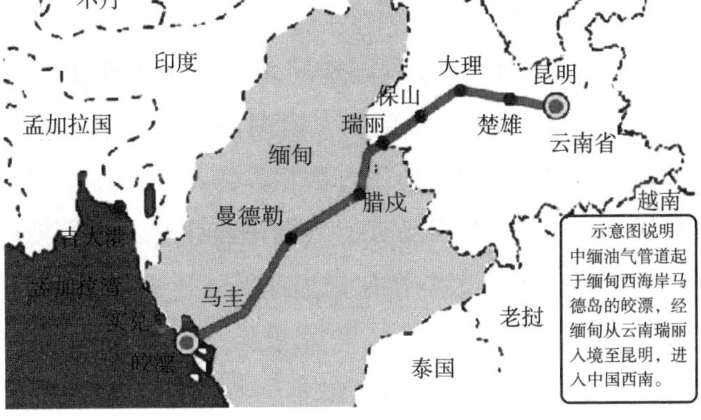

图1　中缅油气管道战略地图

1917 年，彼得·库伯和艾尔姆·A. 斯皮里发明了第一台自动陀螺稳定仪。该装置可以帮助飞机在飞行时保持平直向前，从此无人机诞生了。该项目是为了军事，早期无人机多用于地形侦查、战报速递等。

近年来，无人机的研究开发项目越来越多，越来越成熟。无人机项目开始向民用转型，目前主要的民用领域是影视拍摄、地形勘探、模型爱好等。比较知名的民用无人机公司有大疆 DJI、极飞科技等。在众多机型中，垂直起降四旋翼无人机是一种具有四个螺旋桨的无人驾驶飞行器。其特点是，飞行平稳，速度快，可以适应多种环境，垂直起降，载重量大。

图 2　大疆 DJI 的无人机产品

考虑到我国“一带一路”倡议所途经的地区，有许多山区，如果采用无人机作为物流终端节点的配送方式，无疑与传统的道路运输及航空运输有着时间、成本优势。无人机有较强的地形适应能力及速度快等特点，正符合我国西南山区的配送需要。

目前，顺丰速递公司已经在我国珠三角地区率先使用无人机速递业务。顺丰无人机试点航线包括山区、大型湖泊水库、偏远乡村等，每天 500 架次。同时，收集前期的实地飞行数据，为将来整体运营、调度系统的搭建提供数据支撑。利用这种方式，当顺丰组建起一张规模庞大的无人机运送网络后，将会大幅度提升在偏远地区、农村市场的物流运输能力，缩短快件派送时间。

以此来看，未来无人机物流配送将是一个存在大规模发展空间的课题。但是，目前还存在诸多客观问题制约着该项目的发展。

二、物流问题

众所周知的是，我国西南山区的物流发展受到山路、地形等情况的严重制约。

以云南保山为例。首先，该地区属于云贵高原，地形复杂，盘山公路多，不利于汽车运输。其次，平均海拔高，空气相对稀薄，气压低，这降低了汽车发动机的功率，提高了物流成本。这都是我们在物流过程中需要注意的问题。

我们首先在百度地图上做了一个调查，分别选取我国华北平原地区、云贵高原的两个城市间的直线距离、车程和车时进行对比。由于是无人机配送，可以选择最近的直线距离，以此减少了大量路程。

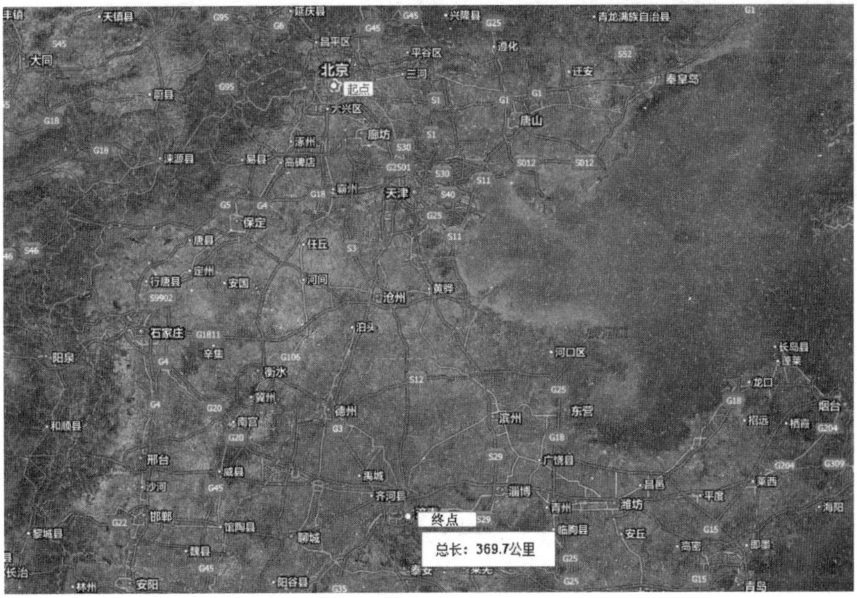

图 3　北京到济南直线距离图

北京到济南的直线距离约 369.7 公里（见图 3），如果使用公路运输，实际车程为 428 公里，走高速路用时约 5 小时 28 分钟。公路收费约 170 元，油费约 300 元。如果使用铁路运输，高铁仅用时 1 小时 39 分钟，即可从北京到达济南。飞机运输耗时 1 小时 10 分钟。在一些对时间要求较高的物流项目中，比如冰鲜食品配送、化学试剂低温配送，我们会优先选择飞机或者高铁运输，以此保证产品质量。

图 4　保山到昆明直线距离图

相比之下，云南昆明至保山的直线距离约 371. 3 公里（见图 4），公路实际里程 497 公里。自驾车耗时 8 ~9 小时。由于云南山区的地形限制，目前昆明至保山的铁路仍未通车。昆明至保山，相对来说，最高效率的运输方式是飞机，耗时 40 分钟。但是由于云南省内航空运力有限，航空运输的成本很高。以昆明至保山为例，昆明飞到保山机场的客机没有补给，直接携带返航旅客回昆明，再进行下一次补给燃油、水电等，以此降低飞行成本。

目前，云贵高原山区快速物流的需求，主要靠市际大巴车满足。这种小批量、没有统一标准的配送方式，难以满足日趋严谨的物流配送要求，尤其是一些高要求的物流项目，比如：冷冻疫苗运输、冰鲜水产运输。

综合考虑以上问题，如果使用无人机作为末端物流的快速配送方案，可以选择最近的直线距离，减少了大量路程就可以解决上述的问题。目前，顺丰已经在广东珠三角开展了无人机物流试点。主要应用于为一些离岛或者山区的收货点配送小型包裹。在顺丰推动的无人机快递模式中，采用的是一套系统化的飞行调度系统，由全天候飞行器、远程调度系统、地面收发站点和第三方（民航监管部门）等组成。当无人机收发站点接到飞行任务后，快递员将装有快件的无人机放入指定位置，通过把枪扫描确认航班信息，无人机校对信息无误后自动起飞。同时，无人机停在指定位置后，另一名收件员用把枪扫描确认航班到达，无人机会自动返回。

三、解决方案

以云南保山为例。以保山市市区隆阳区为中心点，向周围各区市辐射形状安排无人机配送点。接收点包括：腾冲县、永平县、昌宁县、施甸县、龙陵县，见图5。

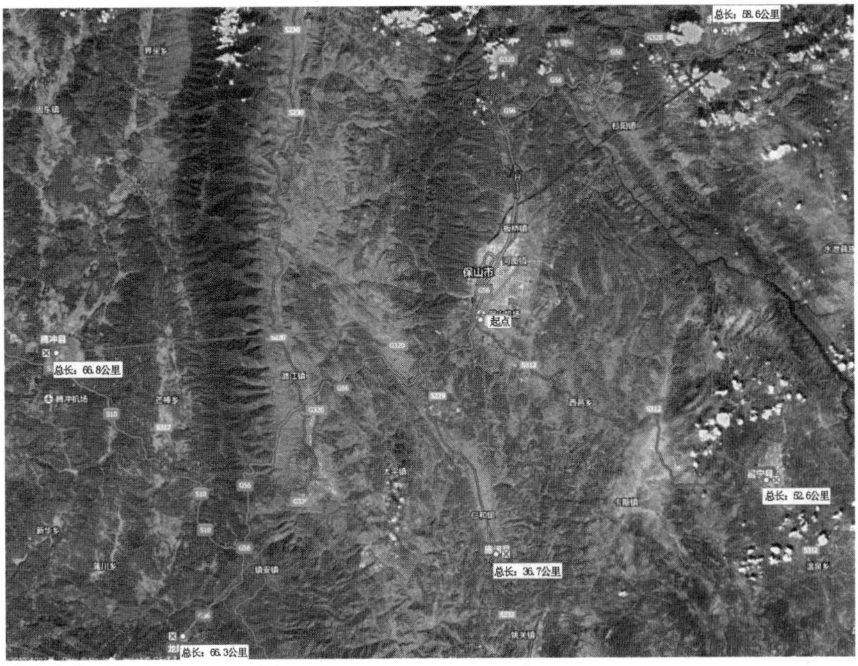

图5 保山市及周围无人机配送规划图

无人机的飞行速度为：45～65km/h，我们取平均数55km/h，以此估算本案例中无人机物流配送的速度和时间。

表1 保山市到周围县区配送里程、耗时表

云南省保山市市区至各县市物流里程					
出发地	目的地	汽车		无人机	
		路程（km）	耗时（h）	路程（km）	耗时（h）
隆阳区	腾冲县	168	2.0	66.8	1.2
隆阳区	永平县	92	1.5	58.6	1.1
隆阳区	昌宁县	90	2.5	52.6	0.9
隆阳区	施甸县	72	1.0	36.7	0.6
隆阳区	龙陵县	130	1.5	68.3	1.2

根据表1所示，我们可以清楚地看到，无人机飞行路线是直线，不受山地地形限制，飞行速度较快，不受路况的限制。因此，可以看出，无人机物流大大提高了这种山区短途物流的配送效率，可以满足大部分客户的需求。

四、结论

无人机短途物流配送，可以解决中缅油气战略带途经的山区，部分短途物流配送问题，提高山区短途物流配送的效率。该项目可以继续跟进，深入研究、优化山区各个物流配送点，以及如何针对地方需求，设计物流配送无人机的结构等问题。

参考文献

[1] 翁丹宁．无人机物流配送的主要影响因素分析［J］．企业改革与管理，2015－04－25.

[2] 陈朝萌．“一带一路”给物流带来的发展机遇研究［J］．现代商业，2015（30）.

[3] 殷航，张想玲．成都打造“一带一路”物流枢纽城市［J］．大陆

桥视野，2015 - 09 - 08.

[4] 烨函．从京东无人机看智能物流 [J]．现代物流报，2014 - 09 - 16.

[5] 周群林．打造面向东南亚的物流枢纽 [J]．物流技术，2015 - 07 - 15.

[6] 黄志敏．轻微型无人机广泛应用带来的安全隐患及其管控策略 [J]．河北公安警察职业学院学报，2015 (9).

（作者余振宁为北京师范大学珠海分校物流学院实验员、王冬良为北京师范大学珠海分校物流学院高级实验师）

“一带一路”倡议背景下的物流人才培养

杨　蓉

“一带一路”是“丝绸之路经济带”和“21世纪海上丝绸之路”的简称。

2013年9月7日，习近平主席在哈萨克斯坦发表重要演讲，首次提出了加强政策沟通、设施联通、贸易畅通、资金流通、民心相通，共同建设“丝绸之路经济带”的战略倡议；2013年10月3日，习近平主席在印度尼西亚国会发表重要演讲时明确提出，中国致力于加强同东盟国家的互联互通建设，愿同东盟国家发展好海洋合作伙伴关系，共同建设“21世纪海上丝绸之路”。

2014年12月，中央经济工作会议将“一带一路”上升为国家战略。

“一带一路”不是一个实体和机制，而是合作发展的理念和倡议，是依靠中国与有关国家既有的双多边机制，借助既有的行之有效的区域合作平台，旨在借用古代“丝绸之路”的历史符号，高举和平发展的旗帜，主动地发展与沿线国家的经济合作伙伴关系，共同打造政治互信、经济融合、文化包容的利益共同体、命运共同体和责任共同体。

中国提出的“一带一路”国家战略，其历史源远流长，内涵博大精深，参与国家（地区）众多，经济规模浩大，文化多元精彩。这一战略，不是一蹴而就的，要靠几代人的不懈努力。因此，中国急切需要培养这方面的各层次的专门人才。作为高等教育中物流专业人才培养的院校，更是责无旁贷。

一、丝绸之路的国际性和经济性

1. 国际性

丝绸之路，对于每一个中国人来说，真是太熟悉不过了。

丝绸之路肇始于两汉，发展于唐宋元，成为起始于中国，连接亚洲、非洲和欧洲的商业贸易路线。由运输方式分为“陆上丝绸之路”和“海上丝绸之路”。最初运输中国古代出产的丝绸，后又输出茶、漆器、瓷器、金、银、五金、书籍等商品，换回香料、药材、宝石等他国货物。到宋元时期，瓷器的出口渐渐成为主要货物，因此，人们也把它叫作“海上陶瓷之路”。同时，还由于输入的商品主要是香料（安息香、沉香、檀香、胡椒）、宝石（琉璃、猫眼石、明珠、玉石、水晶、玛瑙、琥珀），又把它称作“海上香料之路”或“海上玉石之路”。一个有趣的历史记载是，元朝时意大利人马可·波罗就是由“陆上丝绸之路”来到中国，又由“海上丝绸之路”返回本国的。更有趣的事实是，最早将这条东方与西方在经济、政治、文化之间进行交流的主要通道命名为“丝绸之路”的是德国历史地理学家李希特霍芬在19世纪70年代提出的。

2014年，丝绸之路被联合国列为“世界文化遗产”。

这些都充分体现出“丝绸之路”的国际性。

2. 经济性

任何事物的出现，看似偶然，其实都有其必然性。丝绸之路的形成也是如此，它与当时中国和世界经济的发展有着必然的联系。

（1）养蚕业和瓷器制造的兴起

丝绸之路之所以在中国的汉朝形成，运输的商品主要是丝绸，是因为当时我国养蚕业已经规模化。有关养蚕的最早文字记载见于《夏小正》中的三月“妾子始蚕”“执养宫事”（“宫”即指蚕室。“事”即指蚕事）。当时把养蚕业列为要政之一，可见桑蚕业已经有相当规模，或在国家经济中占有重要地位。

商代甲骨文中有原始织机的象形字，是一种原始的“踞织机”，至今海南岛黎族苗族自治州的黎族妇女仍在用这种古老的织机织黎锦。商周时代的政府中已经设有管理织造的官员（如周代的“典丝”之职）。丝绸的品种已有缯、帛、素、练、纨、缟、纱、绢、绮、罗、锦、绡、绉等十几种；还有生织、熟织，素织、色织等工艺；有平纹、斜纹、变化斜纹、重经、重纬、提花等织法。其中，提花技术是中国古代在世界纺织发展史上的一大贡献。《红楼梦》的作者曹雪芹的祖父曹寅，在清代康熙朝时期任江宁织造，专门负责朝廷丝织品用物的织造和剪裁。

与丝绸业一样，瓷器的生产在我国历史悠久。在甘肃大地湾文化考古发现中，早在公元前5000年，中国就有了彩陶独立的发展体系。随着冶炼技术水平的提高，窑炉温度的提升，瓷器的品种、品质和精美程度不断提高，尤其是宋代以后，中国瓷器大量外销，前后达1000年之久。

（2）对丝绸和瓷器的需求

与此同时，古希腊人已经通过某种渠道接触到轻薄美丽的丝绸，将其称为“Ser”（汉字“丝”的音译），将出产丝绸的东方国家称为“Seres”（赛里斯），意即“丝国”。公元前1世纪，恺撒在祝捷时，曾向罗马臣民夸耀得到的丝绸制品。罗马人同样把丝绸称为“赛里斯国的布”或“赛里斯国的纱”。

中国丝绸、瓷器的精美质量和昂贵价格使西方许多人求之不得，成为当时西方贵族和上层人物的身份标志之一；中国古代瓷器成为海外诸国珍贵的藏品。罗马人为得到色彩绚丽的丝绸，使大量的金钱流入异国商人之手，为此，在公元14年，罗马元老院下令禁止男性公民穿戴丝绸，限制妇女使用丝绸。

海外各国以中国瓷器为判别陶瓷质量的标准，以致大量模仿中国瓷器的产品应运而生。如泰国生产的“泰青瓷”，西亚诸国生产的“青花陶”，用来满足人们追求中国青花瓷器的心理需求。

与丝绸、瓷器一样，中国茶叶的饮用价值也被发现，成为新兴的出口产品。饮茶的风气迅速在英国兴起，英国成了最大的茶叶进口国。

（3）抵御运输过程中的风险

陆路是中西往来最古老的通道，其主要运输工具是马和骆驼，但牲畜负载量有限，平均运费较大。此外，沿途自然条件艰险，安全没有保障，运输代价很高。所以，丝绸之路只能运送适合长途贩运的丝绸等利润较高的奢侈品，以抵御高风险。

当航海技术发展起来后，海路在中西交通中所起的作用越来越重要。15 世纪后，海路逐渐取代陆路成为东西方之间交往的主要通道。

二、“一带一路”倡议与全球化

“一带一路”与古丝绸之路有着历史性的联系，但又超出历史范畴，站在了时代的制高点。“一带一路”倡议是中国的一个全球化的战略，之所以在这个时候提出，说明经过 30 多年的改革开放，中国社会经济发展已经具有了一定的基础和实力。

回顾历史，工业革命以来，以全球化为经济发展目标的国家只有两个，一个是“一战”以来的英国，另一个是“二战”以后的美国。但是，这两个国家走了完全不同的全球化道路。

英国是以贸易全球化为目标的，通过强大的海运能力和坚船利炮，把本国生产的产品强行推销到世界各地，并将其纳为自己的殖民地，用以掠夺资源，进而掠夺全球的资源。

美国是以资本全球化为目标的，通过资本控制全球的资源和市场。特别是在 20 世纪 80 年代末，随着苏联的解体，美国成为世界超级大国。在全球化进程中，美国不断输出自己的价值观，试图以美国式的西方民主政治改变其他国家的政治体制，成为美国在这个国家的“代理人”。但是，由于各个国家的国情不一样，历史发展不一样，经济基础不一样，美国试图用一种国家管理模式达到全球化的目的，处处碰壁。似乎形成了“美国的触角到哪里，哪里就乱”的怪圈。

中国的全球化完全有别于英国和美国，我们是以利益全球化为目标的。在全球化进程中，与相关国家形成“五通”，即加强政策沟通、设施联通、贸易畅通、资金融通、民心相通。

历史上的丝绸之路主要是商品互通有无，今天“一带一路”交流合作范畴要大得多，包括基础设施互联互通，贸易投资便利化和产业合作，人文交流和人员往来。其目标是物畅其流，政通人和，互利互惠，共同发展。“一带一路”不仅仅是中国自己的事业，而是各国共同的事业；不仅仅是中国独享利益的经济带，而是各国共享利益的经济地带。

三、“一带一路”与中国物流人才的培养

“一带一路”倡议的实现要靠几代人的努力，需要的专业人才也是多种多样，物流专业人才就是其中之一。因此，物流专业人才的知识结构也会发生变化。

1. “一带一路”需要的人才知识结构

（1）社会经济方面

包括历史、文化、宗教、制度、经济发展状况。可以说，不深入了解中国历史和中国文化，就无法研究丝绸之路；不了解丝绸之路，就无法研究“一带一路”。

由国家发展改革委员会、外交部和商务部共同制定的《推动共建丝绸之路经济带和21世纪海上丝绸之路的愿景与行动》（以下简称《愿景与行动》）中指出：“一带一路”贯穿亚欧非大陆，一头是活跃的东亚经济圈，一头是发达的欧洲经济圈，中间广大腹地国家经济发展潜力巨大。丝绸之路经济带重点畅通中国经中亚、俄罗斯至欧洲（波罗的海）；中国经中亚、西亚至波斯湾、地中海；中国至东南亚、南亚、印度洋。21世纪海上丝绸之路重点方向是从中国沿海港口过南海到印度洋，延伸至欧洲；从中国沿海港口过南海到南太平洋。

《愿景与行动》还指出：根据“一带一路”走向，陆上依托国际大通道，以沿线中心城市为支撑，以重点经贸产业园区为合作平台，共同打造新亚欧大陆桥、中蒙俄、中国—中亚—西亚、中国—中南半岛等国际经济合作走廊；海上以重点港口为节点，共同建设通畅安全高效的运输大通道。

从上述论述中可以看出，“一带一路”参与的国家以古代丝绸之路为基础，但又不限于这个范围。参与的国家和地区，幅员辽阔，文化差异很

大，宗教信仰多元。沿线国家政治稳定状况以及经济方面主要包括经济体制、经济周期变化、产业结构、市场环境、市场行情、能源结构、物流基础设施、流通模式等存在不同。必然要求物流专业的学生要掌握相关的历史、文化、宗教、法律、制度、经济发展状况等方面的知识，了解不同地区和国家的风土人情，尊重当地的风俗习惯，才可能顺利地开展物流业务。

（2）国际法

“一带一路”倡议实施后，我国的经济开放程度必然不断加深，开放领域也会不断拓宽，经济活动的主客体关系日益复杂，各自的法律责任和义务可能会出现“你中有我，我中有你”的现象，由此而引发的纠纷如果处理不好，不但涉事企业遭受经济损失，严重的还会产生更大的影响。所以，物流专业的学生要具备国际法方面的知识，包括国际惯例、国际规则、国际仲裁等。

（3）国际视野

在“一带一路”倡议背景下，物流专业的学生要具有国际视野，这实际上是思维的训练和培养。看问题的视角要超越本国，还要超越与之发生直接关系的国家（地区），甚至要关注发生间接关系的国家（地区）。正如经济学中说的“蝴蝶效应”。

（4）复合型

复合型人才培养在高校已经达成共识。“复合型”可以是“宽基础知识+专业知识”，也可以是“专业知识+相关专业知识”，还可以是“理论学习+实际操作”等。现在的问题是，“复合型”的深度。“一带一路”倡议要求物流人才是深度“复合型”，亦即“宽基础知识+专业知识+实际操作”，甚至是“宽基础知识+专业知识+相关专业知识+实际操作”。也可以用“通用+专用+特色”来表示，“通用”是指知识的宽度，“专用”是指知识的深度，“特色”则是指知识的类别，或是指人才的专长，或是指某所高校的物流专业特色。

2. 符合“一带一路”倡议需求的物流人才培养

“一带一路”倡议的提出，必将对中国的教育产生深远的影响，特别是对高等教育中培养物流专业人才的院校提出了更高更急迫的要求。

为满足这方面的人才需求，开展国际化人才培养方式的研究及实践就显得十分必要。国际化人才培养模式有国际教育、比较教育、全球教育、多元文化教育、跨界教育、跨国教育等。比如，北京物资学院的“把‘大世界’带入‘小校园’”，将学校建设成“虚拟世界”，提升校园国际化，打造“国际化校园”等教学方式方法的改革尝试，为快速培养“一带一路”物流人才提供了开阔的思路和有效的途径。

(1) 充实教学计划

在现有教学计划的基础上，为满足“一带一路”物流人才培养的需求，以专题讲座的形式，补充物流专业人才知识结构所要达到的理论实践知识。

修改和制定2016版的人才培养方案，围绕“一带一路”物流人才培养知识结构制订教学计划，设置相关课程（如表1所示）。

表1 相关课程建议一览表

序号	课程性质	课程名称	学时	开设学期	学习方式	学习要求
1	基础课	世界文明史	2	1	课堂教学，参加活动	
2	基础课	世界文学	2	1	课堂教学	
3	基础课	美国历史	2	2	课堂教学，参加活动	
4	基础课	英国历史	2	2		
5	基础课	国际法	2	2	课堂教学	双语教学
6	基础课	国际商法	2	3	课堂教学，模拟法庭	双语教学
7	专业课	国际运输与物流	3	3	课堂教学，参观，实验	双语教学
8	专业课	精益供应链	2	4	课堂教学，参观，实验	
9	实践课	跨国企业实践	80	两个小学期	企业参观，实习	
	……	……	……	……	……	……

(2) 建设国际化实战型的师资团队

要培养具有复合型国际视野的物流人才，就必须要有一支高素质的、既有渊博知识又有较强实际能力的国际化实战型的师资团队。要有计划、有重点地培养、引进专业教师，特别是学科带头人。通过国内外高校进修、国内外科研机构合作研究、参观考察国内外企业、参加国内外高水平国际物流会议等途径，搭建良好的师资培养平台。

（3）重视实验课程建设

结合人才培养方案和教学计划的要求，重视实验课程建设。特别是围绕“一带一路”开展相关的实验教学活动，提升学生的综合能力。表2是相关实验课程的设置建议。

表2　相关实验课程设置建议一览表

序号	实验课程名称	学时	开设学期
1	物流设施设备	0.5	2
2	包装学	0.5	3
3	仓储管理实操训练	1	4
4	商品与商品检验	0.5	4
5	国际贸易实务	0.5	5
6	货运代理与报关	0.5	6
7	港口物流	1	5，6
8	冷链物流	1.5	5，6，7
9	物流系统仿真	2	7
10	配送中心实训	1	7
11	模拟法庭	0.5	7
	……	……	……

（4）校外物流实习实践基地

建立校外物流实习实践基地是充分发挥社会资源优势，将课本上的理论知识与实际工作相结合，让学生在理性认知的基础上，丰富感性认知，强化学生的实际操作能力，为毕业后走向社会，从事物流专业工作奠定扎实的基础。针对不同年级的学生，不断加深实习实践的深度和广度，如大一新生认知参观，大二、大三学生参观考察调研，大四学生实习实践。

（5）加大国际化培养规模

不断开拓国际化培养学生的渠道，通过“2＋2”“3＋1”“3＋1＋1”和小学期短期培训、参访等形式，选拔优秀的学生到国外高校学习物流专业知识，鼓励学生之间进行国际的合作。

建立一支校外导师队伍，聘请国内外的专家学者和企业家担任客座教授，满足国内教学需要。聘请国外的物流专业教师到校为学生集中开设短期课程，为教师开设国际物流方面的前沿讲座。聘请国内知名专家学者和企业家，到校内为学生和教师开设讲座，介绍国内外的学术研究动向和企业的成功经验。

“一带一路”倡议背景下的物流人才培养是物流专业面临的新挑战，怎样搭建人才知识结构和储备什么知识，这些崭新的课题，需要在教学实践中不断地探索，不断地丰富和完善。

参考文献

[1] 刘迎胜. 丝绸之路 [M]. 江苏：江苏人民出版社，2014.

[2] 刘华芹. 丝绸之路经济带——欧亚大陆新棋局 [M]. 北京：中国商务出版社，2015.

[3] 蔡进. 一带一路与国家供应链发展战略 [C]. “一带一路与我国国际物流新战略”学术研讨会论文集，2015.

[4] 推动共建丝绸之路经济带和21世纪海上丝绸之路的愿景与行动 [R]. 国家发展和改革委员会，外交部，商务部，2015.

[5] 王成林. 实战型国际化物流人才培养探索与实践 [C]. “一带一路与我国国际物流新战略”学术研讨会论文集，2015.

（作者杨蓉为北京师范大学珠海分校物流学院院长、教授）

“一带一路”视角下我国物流专业（高等）教育的思考

吕　昌

一、“一带一路”是解近忧谋远虑、实现民族复兴和平崛起的战略举措

（1）18 世纪开始的工业革命浪潮所推动的经济全球化，其本质是全球经济市场化。生产要素日益自由地在全世界范围内转移，并由市场机制实现优化配置；由于通信和运输技术的进步，使市场范围从空间上不断延伸，在时间上更加紧密，原来分割的国家或区域市场，正逐渐变成统一的全球市场。国际商品贸易是经济全球化的先导。由于“贸易能使每个人现状更好”和“市场通常是组织经济活动的好方法”两大经济学原理所揭示的机制，[1]经济全球化的历史趋势将势不可当。

（2）国家是人类创造的政治形式，也是地理空间单位。作为政治—地理空间单位的国家本身，又处于更大的地理空间格局之中。因此，任何一个国家的发展都是在自身及相关的地理空间中实现的。

（3）2008 年国际金融危机以来，世界经济复苏步履维艰，深层次影响继续显现，各国面临的发展问题依然严峻。“一带一路”沿线许多国家交通基础设施或薄弱，或老化，迫切需要投资建设，以此带动贸易提升，增加就业和市场繁荣，盼望经济发展驶入良性循环的轨道。

（4）我国改革开放以来，经过 30 多年的快速发展，已蝉联世界第一制造业大国之位，稳居世界第二大经济体。但当前遭遇“三期叠加”的巨

大压力：受国外环境的影响，进出口增速低位徘徊，急需度过外贸寒冬；投资拉动边际效应越来越小，过剩产能需要新的市场；与发达国家相比，我国消费对经济增速的贡献率很低，潜力巨大，但是扩大居民消费涉及收入持续增长、分配制度改革、完善社会保障、医疗和教育等诸多方面的问题，需要深化改革，而短期内又很难达到。在“三驾马车”加快转型升级的同时存在一个换挡期，“一带一路”建设是换挡期中有力的突破口。

综上所述，从贸易引领经济全球化趋势的历史纵向分析，以及作为地理空间单位的国家寻求发展的地缘政治横向分析，并结合近年来国外、国内社会经济发展的现实而提出的“一带一路”倡议，是兼顾沿线各方利益，反映沿线各方诉求，互尊互信、合作共赢的战略举措，也是我国解近忧谋远虑、实现民族复兴和平崛起的战略举措。

二、随工业化和经济全球化进展而成长的年轻学科——物流学

物流是交通基础设施的运作对象；物流既是贸易的内容又是贸易的载体。以基础设施建设和贸易为抓手的“一带一路”倡议实施，离不开物流科学和物流人才的支撑。

物流是紧随着工业化、全球化进展而成长起来的一门年轻的学科。物流——在当下它又是一个内涵十分丰富、宽泛和使用得非常普通的概念。近年来，在物流业界最有影响力的一段话是：“物流业是融合运输业、仓储业、货代业和信息业等的复合型服务产业，是国民经济的重要组成部分，涉及领域广，吸纳就业人数多，促进生产、拉动消费作用大，在促进产业结构调整，转变经济发展方式和增加国民经济竞争力等方面发挥着重要作用。”

以上引述对于物流业界无疑是令人鼓舞和十分利好的消息。它也传达了以下几点明确的信息：

第一，物流业对于服务和支撑其他产业的发展、增强国民经济竞争力起着重要作用。

第二，物流业是一个复合型产业，它融合了运输业、仓储业、货代业和信息业等产业；而仅以运输业为例，又包含航空、公路、水路、铁路和

管道运输等，在每种具体的运输方式中，还包括技术、设备、管理等诸多因素。所以，物流业包含了太多的专业知识。

第三，物流业是重要的服务产业，属于第三产业的范畴。

这些信息也给正在大专院校物流专业教学的师生们带来困惑：因为全社会用于生产和生活消费的物资的运动，不论是天空飞的，路面跑的，水上驶的，地下流的，几乎都在物流的研究范围之内；不仅如此，即使物资暂时不动，处于静止状态，无论仓储、包装、冷冻，还是切割、配套、检验（或被统称为流通加工）及其涉及的机械、工艺、设计、有关信息的处理也都属于物流的研究领域；再加上物流业务有关的采购、销售、融资、保险、贸易，都是服务业必备知识；即使分设了物流管理和物流工程两个专业，在有限的大学学习期限内，要粗线条地弄明白上述道理，扫描如此宽泛的知识面，实在是难以想象的困难事。只有深入探讨和圈定物流专业的核心知识边界，我们才能培养出有真才实学、管用的高级物流人才，才能以学科专业知识给“一带一路”建设有力的支撑。既然物流业是融合了众多产业的复合型产业，那么首先来探索一下其融合的机理是什么？

产业（Industry）是一个常用的概念，也是一个模糊的概念，除特指工业以外，还可以泛指国民经济的各行各业，大至门类、部门，小至行业、实业；从生产到流通，以至文化、艺术、科技、教育等无所不包。当然，简单的说法，产业是指具有某类共同特性的企业集合，也是有道理和被认可的。

1. 从产业的角度审视目前常用的产业分类法

（1）三次产业分类法

该方法由新西兰经济学家费希尔于 1935 年在《安全与进步的冲突》一书中首先提出。英国经济学家和统计学家克拉克在继承费希尔研究成果的基础上，于 1940 年在《经济进步的条件》一书中，按经济活动的客观顺序和内在联系，运用三次产业分类法研究了经济发展同产业结构变化之间的规律，从而开拓了产业结构研究这一应用型经济理论的新领域，并使三次产业分类法得到了广泛的普及，欧美日发达国家普遍采用。我国 1985 年首次对第三产业进行统计，具体标准和范围为：第一产业是指农业（包括林业、牧业、渔业等)；第二产业是指工业（包括采掘业、制造业、煤电、水业）和建筑业；第三产业分两大部门（流通部门和服务部门）四个层次（第一层次是流通部门，包括交通运输业、邮电通信业、商业饮食业、物资供销和仓储业；第二层次是为生产和生活服务的部门，包括金融业、保险业、地质普查业、房地产业、公用事业、居民服务业、旅游业、咨询信息服务业和各类技术服务业等；第三层次是为提高科学文化水平和居民素质服务的部门，包括教育、文化、广播电视事业、科学研究事业、卫生、体育和社会福利事业等；第四层次是为社会公共需要服务的部门，包括国家机关、党政机关、社会团体、军队警察等)。

（2）联合国标准分类法

联合国于1971年颁布《所有经济活动的国际标准产业分类》，将全部经济活动分为大、中、小、细四项，每项都有统计编码。十个大项是：农业、狩猎业、林业和渔业；矿业和采石业；制造业；建筑业；批发和零售业；餐馆和旅馆业；运输业、仓储业和邮电业；金融业、不动产业、保险业及商业性服务业；社会团体、社会及个人的服务；以及不能分类的其他活动等。每个大项又可分若干中项，每个中项又可分为若干小项，每个小项又可分为若干细项。

（3）生产要素分类法

按照劳动、资本、知识等生产要素的比重或者对各生产要素的依赖程度对产业进行分类的方法。以此为标准，全部生产部门划分为劳动密集型产业、资本密集型产业、知识密集型产业。该方法能比较客观地反映一国的经济发展水平。一般来说，知识密集型产业的比重越大，说明发展水平越高；劳动密集型产业的比重越大，说明发展水平越低。该分类法可以反映产业结构的高度化趋势，即劳动密集型产业占主导地位的产业结构向资本密集型产业占主导地位的产业结构过渡，资本密集型产业占主导地位的产业结构向知识密集型产业占主导地位的产业结构过渡，这有利于一国根据产业结构的高度化趋势制定相应的产业发展政策。

（4）两大部类分类法

产业按产品的基本经济用途分为生产资料生产和消费资料生产两大类。在马克思主义再生产理论中，利用这种分类法深入地研究了怎样使社会总产品既实现价值补偿又实现实物补偿问题，分析了社会资本简单再生产和扩大再生产的实现条件，深刻揭示了资本主义生产的本质和剩余价值产生的秘密。但这种分类方法不能涵盖非物质生产部门，许多商品难以归类，在产业经济研究中较少运用。

以上无论哪一种产业分类方法，都没有出现单列的物流业。

2. 从行业的角度审视的我国国家标准 GB/T 4754—2011《国民经济行业分类》

《国民经济行业分类》分为 20 个门类，依次是：

A 农业、林业、牧业、渔业（包括 5 个大类）；B 采矿业（包括 7 个大类）；C 制造业（包括 31 个大类）；D 电力、热力、燃气及水生产和供应业（包括 3 个大类）；E 建筑业（包括 4 个大类）；F 批发和零售业（包括 2 个大类）；G 交通运输、仓储及邮电业（包括 8 个大类）；H 住宿和餐饮业（包括 2 个大类）；I 信息传输、软件和信息技术服务业（包括 3 个大类）；J 金融业（包括 4 大类）；K 房地产业（包括 1 个大类）；L 租赁和商务服务业（包括 2 个大类）；M 科学研究和技术服务业（包括 3 个大类）；N 水利、环境和公共设施管理业（包括 3 个大类）；O 居民服务、修理和其他服务业（包括 3 个大类）；P 教育（包括 1 个大类）；Q 卫生和社会工作（包括 2 个大类）；R 文化、体育和娱乐业（包括 5 个大类）；S 公共管理、社会保障和社会组织（包括 6 个大类）；T 国际组织（包括 1 个大类）。

在行业分类的国家标准里，也没有出现单列的物流业。既然可以简单地说，产业是指具有某类共同特性的企业集合，下面我们把审视、分析的目光投射到企业。

3. 企业的经营管理和资金流

为了讲清楚企业经营管理与资金流的关系，以制造企业为例，用图 1 表示制造企业的资金流循环。

在筹资阶段，通过权益资本和债务资本的形式，筹集到足够的货币资金。资金流顺序通过采购阶段—生产阶段—销售阶段，又回复为货币资

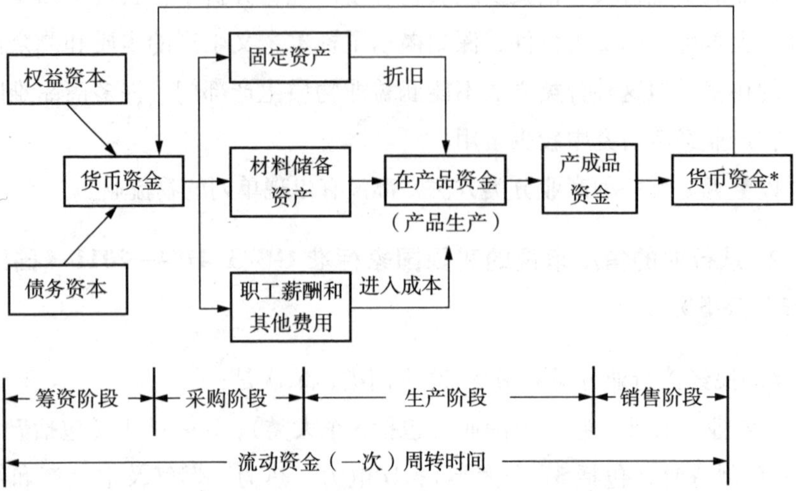

图1　制造企业资金流周转示意图

金。这时的货币资金在数量上增加了新创造的价值，用＊号表示；增加的新价值包含了税、法定盈余公积、任意盈余公积和未分配利润等。

在图1中，除了固定资产以折旧的形式参与资金循环；由货币资金—材料储备资产—在产品资金—产成品资金，又回复为货币资金所耗用的时间称为流动资金（一次）周转时间（以下简称“资金周转时间”）。计划期（365天）除以资金周转时间称为周转次数，表示在一年内，资金流的循环次数。显然，在盈利的情况下，资金周转时间越短，则周转次数越多，资金流速高、通畅，则企业经营效益越好。有关我国企业与市场经济发达国家企业的资金周转速度可参考下列两份资料：

（1）2004年，我国工业企业流动资金平均周转次数为2.16次，流通行业也不到4次，远远低于发达国家的水平。（——时任国家发改委副主任欧新黔在2005年全国物流工作会议上的讲话）

（2）统计表明，2010年我国工业企业流动资产周转次数仅为2.9次，远低于美国9次左右的水平。[2]

4. 如何加速企业资金流的循环

企业资金周转时间等于采购时间、生产时间和销售时间之和。显然，加速企业资金流的循环必须压缩上述三个阶段的时间。

（1）压缩采购时间

考虑供货企业的距离和供货企业的质量保证体系、运输条件、运输方式、运输批量；本企业运输、装卸、验收设备以及作业组织管理水平；结算方式等。

（2）压缩生产时间

生产时间包括三部分：材料在库时间、劳动加工时间、劳动中断时间。下面分别加以论述。

A. 压缩材料在库时间

压缩材料在库时间的关键是确定合理的周转储备量（一次采购批量）。图2表示材料在库的动态变化情况。

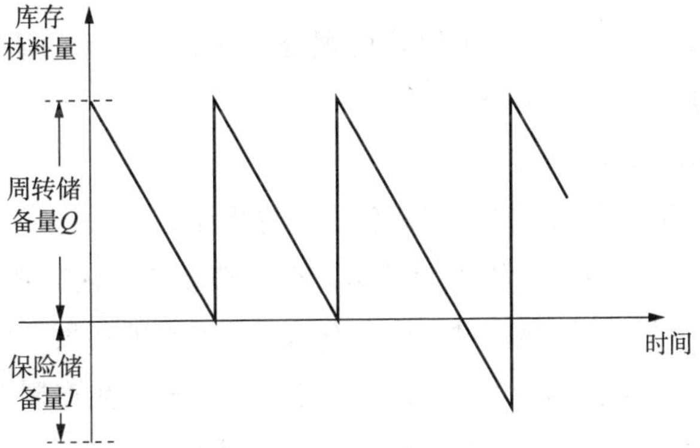

图2 库存材料变化动态示意图

周转储备量（一次采购批量）的确定分三种情况：①由供货方确定。例如，供货企业生产某种型钢，当其生产批量为最经济时，需方企业的一次采购量则由生产批量确定。②由运输企业确定。当运输方式和运输批量成为材料供应成本的关键时，需方企业的一次采购量则由运输批量确定。③不存在①和②约束条件的情况下，由需方自主确定。在需方自主确定一次采购量时，EOQ（Economical Order Quantity）模型能够提供正确的参考思路。

EOQ模型也称最佳订货批量公式，源于1915年美国经济学家哈里斯对库存问题研究而建立的一个简单模型，并求得最优解，但未被人们重视。1918年威尔逊在建立确定性库存模型时重新得出了哈里斯的最优解过程，也被称为威尔逊公式。

B. 压缩劳动加工时间

建立自动生产线加快生产节奏，机器人自动焊接、数控机床、群钻、激光打孔、精密铸造、三D打印、计算机辅助设计等，这些科技创新的应用，确是属于企业生产技术部门的职能，但是从资金运用管理的角度来看，都是为了加速企业资金流的周转。

C. 压缩劳动中断时间

在早期的管理科学形成和奠基的时代，就有合理压缩劳动中断时间的内容。例如，泰罗关于制定正确的工艺规程和操作方法、基尔布雷斯夫妇在建筑行业分析砌砖的动作研究等。

应该注意到，有些劳动中断时间的压缩必须十分谨慎。例如，酒的窖藏、木材干燥、水泥养护、金属热处理等。它们与产品的质量密切相关，甚至是生产工艺的组成部分。

（3）压缩销售时间

从原则上讲，产品生产出来后就应该立即销售出去，以销定产收回货币资金，达到成品零库存的理想状态。但一般说来，还需要配套、包装、发运以及等待财务结算和应对市场突发情况等，企业还要有成品库。发达国家企业是哑铃式架构：开发设计和营销是重头戏，生产制造是哑铃中间的把柄。在生产经营价值链中，开发设计和营销是附加值最高的环节，是“微笑曲线”的两边，而制造加工是利润率最低的部分。因此，企业要十分重视营销组织工作。“市场营销”“公共关系”“广告学”“企业形象设计”等课程都是为做好营销工作而需要认真学习的知识。进入21世纪以来，我国企业已加强对产品价值链两端的投入和重视。据联合国教科文组织2015年11月10日发布的报告显示，中国研发支出已占全球研发支出总额的20%，超过欧盟和日本，仅次于美国的28%，位居全球第二。

应该注意到，在工业化和市场化的初期，企业技术装备水平比较低，劳动力的工资水平也不高，材料成本一般要占到产品总成本的60%左右。企业管理的重点聚焦在既要确保生产有节奏进行的材料需求，又要使材料的供应费用最为节约。因此，在保证材料质量的前提下，压缩采购时间和减少材料在库时间成为当时企业管理的重心，材料采购、材料库存是企业管理者最为关心的事务。那时这些工作被称为材料供应管理，也是现代物流管理的起源（材料供应管理主要讲授“企业经营学”“采购管理”“仓库管理与库存控制”等知识）。

5. 从企业材料管理、配送、物流到供应链管理

物流学科知识是随着社会经济的工业化和市场化进程而不断丰富、发展的。在工业化初期，管理的重点在企业内部的成本支出，这个时期企业内部的材料流程管理称为材料或物资管理（Materials Management）。历史上，计划经济体制的国家，如20世纪五六十年代的我国和苏联也是这样称呼的。

随着工业制造水平和效率的提高以及市场化的进展，各种商品大批量地生产出来，随之产品营销工作变得日益突出，相应地要求把产成品快捷、准确、安全地送到客户手中，人们对材料流程管理的视角也逐渐扩展到销售领域。从企业经营管理实践出发，由掌握材料采购、运输工具和仓库设备的供应部门兼管产成品的保管、运送是其功能有效和顺理成章的延伸；企业材料流程管理的内涵开始丰富和扩展了。1915年，阿奇·萧（Arch. Shaw）在《市场分销中的若干问题》一书中首次提出了Physical Distribution的概念，可以译为配送和分销管理。1935年，美国销售协会进一步阐述了Physical Distribution的含义：“物质资料和服务在从生产场所到消费场所的流动过程中所伴随的种种经济活动。”（主干课程有“运输与配送”“市场营销”）。

买方企业的材料采购供应过程，也可以看作卖方企业的产品销售运送过程。有关的运输装卸作业具体由谁来完成，则通过两个企业经营交易中的商务谈判确定，归根结底取决于效率和成本。这也是所谓第一方物流（供方企业承担）或第二方物流（需方企业承担）以及第三方物流（外委专业企业承担）讨论的起点。从这里，我们也看到了物流融合机制的起因——两个企业之间关于材料（或产成品）的采购和销售业务关系。

第二次世界大战期间，美军及其盟军需要在横跨欧洲、美洲、亚洲、大西洋、太平洋等广大空间范围内进行军需物品的补充和调运。在人员调

动、物资运输、躲避阻击、搜索敌情和组织转运等工作过程中，运用并逐渐发展了一套如对策论、规划论、排队论、库存论等应用数学方法。正如美国数学学会会长彼得·拉克斯所说：“第二次世界大战是那么多美国研究机构的一个分水岭，也是美国发展应用数学的分水岭。在战前，大多数的数学家把应用数学视为第二流的脑力劳动，把应用数学家视为二等公民。”战后，这些成功的方法逐步移植到管理科学中来，被称为运筹学和系统工程。伴随着工业化和现代市场体系的完善以及企业管理水平的提高，首先在美国，人们把融合了运筹学和系统工程的军事后勤方法体系移植到企业材料供应和产品分销领域，直接将其称为 Logistics（英语原意为军事后勤）；可以说，企业物资流程管理的内涵从方法论层面又有了新的扩充。1963 年，Logistics 的概念引入日本，翻译为物流。物流这个名词是 1979 年由日本传入我国的，它相对于当时我国普遍使用的“物资管理”——在计划经济体制下政府实行资源配置的重要工具——更符合市场化改革的需要，迅速得到了理论界、产业界和行政部门的响应和重视，在我国很快被广泛使用（主干课程有：“运筹学”“系统工程”“程序设计语言”“DBASE—Ⅱ”）。随着我国经济体制改革的逐步深入，社会经济的持续发展，物流这个名词逐渐替代了物资管理，其含义也更加充实。按照 2001 年国家质量技术监督局颁布的《中华人民共和国国家标准·物流术语》的定义，物流是“物品从供应地向接收地的实体流动过程。根据实际需要，将运输、储存、搬运、包装、流通加工、配送、信息处理等基本功能实施有机结合”。

20 世纪 80 年代，随着冷战和两大阵营壁垒的消失，世界经济开始了新一轮的全球化高潮。经济全球化催生了现代物流业，现代物流业的发展又为经济全球化推波助澜。进入 21 世纪，传统的贸易方式逐渐受到网络贸易和电子商务的挑战。以金融为龙头、物流为中枢，盘活国际贸易，使世界贸易的方方面面发生着巨大的变化。

随着经济全球化的进展，世界产业像传接力棒一样，在不同国家和地区之间进行着转移，产品最先在发达国家创造出来；随着生产工艺的成熟和标准化，生产所需要的比较优势发生了变化，从高科技创新能力和巨额资金转化为大规模和低成本，因而相对落后的国家便具备了生产这种产品的优势，于是该产品就会在发展中国家大量生产。这是一种动态的优势转移。

据世界银行发布的资料显示，20 世纪 50—80 年代国际产业转移主要以初级产品加工和原材料为主，并且是由发达国家向发展中国家单向转移。20 世纪 90 年代以后，国际产业转移重心开始由原材料工业向加工工业、由初级工业向高附加值工业、由传统工业向新兴工业、由制造业向服务业转移。

跨国公司是经济全球化的重要载体之一。在当前经济全球化进程中发挥着举足轻重的作用。现在跨国公司占据了世界生产的 1/3、国际贸易的 2/3、国际投资的 2/3 和 70% 的技术转让。目前，全球跨国公司有 7 万多家，跨国公司的海外雇员数达到了近 1 亿人。跨国公司一方面是社会生产力发展特别是世界科学技术进步的产物，另一方面也是各国为获取超额利润，发展本国经济，提高国际地位而进行的制度安排。联合国早在 1997 年发表的一篇报告中说：如果把跨国公司也当作一个经济体的话，那么全世界 100 个最大的经济体中，51 个是跨国公司，49 个是国家。

世界市场中不断上升的竞争压力迫使企业开辟效益增长的新来源，在这样的背景下，新的国际生产体系逐步形成。

所谓国际生产体系是指几个国家参与一个特定产品不同生产阶段的制造过程，从而以跨国公司为中心形成国际化生产网络。在这个过程中，跨国公司将产品不同的生产阶段分布在最有效率和成本最低的区位，利用不同区位上成本、资源和市场的差别获取利润。

最近 10 年中，世界经济形势已发生很大的变化，推动了国际生产体系的发展。首先，电子、信息等新兴产业发展迅速。这些产业本身的特征，如芯片、集成电路、设备单元和组装生产等，使产品价值链可以被分成更小的部分以便分包给独立的供应商，进行专业化生产。其次，发展中国家普遍采取出口导向型的发展战略，鼓励跨国公司的劳动密集型、面向出口的生产，并给予出口退税等优惠政策。同时，以世界贸易组织为代表的多边贸易体制和其他的区域及双边贸易安排都大力地推进贸易投资自由化，贸易投资的制度性壁垒迅速下降。特别是通信技术的进步使跨国公司的内外部协调更加便利，不仅降低了信息交换的成本，也使客户管理更加标准化，所有这些都极大地便利了国际生产体系的发展。而在区域和一国范围内，产品价值链的细化安排（纵向、横向或网络）同样依照成本低、专业化、利润高的原则迅速推进，新的链式生产体系催生了供应链管理。物流由两个企业之间关于材料（或产成品）的供应和销售关系，扩展到数十个企业之间的材料（或产成品）的经销管理；同时，互联网、RFID、现代运输装备、物联网、大数据和云计算等又为链式的供应销售管理提供了强有力的科学技术支撑；企业物资流程管理跃上了一个新的平台——供应链管理（主干课程有：“供应链设计”“大数据分析技术”“国际企业比较管理”等）。

企业间经营过程中的供销交易在市场体系中是物流业务的核心融合机制，掌握了企业经营的学问，材料（或产成品）的运输配送，就能够安排得成本低、效率高、时间准，使企业有节奏不间断的生产业务有了充分的物资保证。物流管理专业人员需要有T字形的知识结构：除了企业经营管理的主干知识，也要有各种运输方式、储存、包装、搬运和流通加工等方面的知识，干壮枝茂，红花绿叶；但必须分清主次，才能在学习时纲举目张，事半功倍；工作时得心应手，业绩突出。这样的物流专业人才，才能给“一带一路”建设提供可靠的人才支持。

三、思考和建议

1. 加快我国物流专业（高等）教育国际化的步伐

1978年，我国外贸进出口总值为206.4亿美元，世界排名第32位，到2014年，我国进出口总额为4.3万亿美元，增长了208倍，已稳居世界第一货物贸易大国地位；出口货物中95%以上是制成品，原材料不足5%；由物流承载的“中国制造”已行销全世界。渣打银行2014年4月10日发布的报告中说：“中国是自大英帝国瓦解以来第一个全球大贸易国。”为了进一步全面深化改革开放，从国际层面上来说，以人民币国际化为主线，以“一带一路”建设为重要内容，以亚投行和规范开放的资本市场为支撑，搭建挺进世界经济的平台。这就要求我们加快物流专业教育的国际化步伐。

在这方面虽然取得了不小的成绩，但目前还仅停留在较浅的层次：专业教育的输入，主要是引进几本大学物流专业的教材和案例，或者邀请几位外国专家讲学交流；专业教育输出，主要是向国外输送生源。形势要求我们必须：

（1）从人才目标上就确立培养能够在国际上进行商务开拓，在国外能抓住商机创业的人才。

（2）鉴于顺应我国电商迅速发展而异军突起的快递业，其效率和业绩已引起全世界的瞩目和钦佩。是不是可以将我国快递业的成长背景、快递企业的经营管理、配送组织等总结出教材和论文，作为专业教育输出？

（3）现在开设的“国际贸易实务”课程可否提升为“国际贸易理论与实务”；在讲授“经济法”课程的基础上，延伸开设“国际商法”课程；将“企业文化”课程（选修）开设为“各国企业文化比较”课程等。

2. 来自“成功方程式20%IQ+80%EQ=100%SUCCESS”的启示

情商是随着心理科学的发展而出现的一个概念，它的提出与完善经历了一个过程。首先它得益于多元智力理论；多元智力理论的先驱美国哈佛大学心理学家加登纳认为，人类的智慧至少应包括七种不同的能力，即语言智能、数理逻辑智能、空间智能、音乐智能、体态智能、内省智能和人际智能。后两种智能成为情绪智力理论的直接来源。20世纪90年代初，美国心理学家彼得·萨洛维和约翰·迈耶提出了情绪智能的概念，他们把情绪智能界定为对情绪的知觉力、评估力、表达力、分析力、习得力、转换力、调节力，涵盖了自我情绪的控制调整能力、对人的亲和力、社会适应能力、人际关系的处理能力、对挫折的承受能力、自我了解程度以及对他人的理解与宽容等。

在前人研究的基础上，美国哈佛大学心理学教授戈尔曼于1995年正式提出了“情商”（EQ）的概念。他认为，人们首先要认识EQ的重要性，改变过去只重视IQ、认为高IQ就等于高成就的传统观念。他通过科学论证得出结论：“EQ是人类最重要的生存能力”，人生的成就至多20%可归结于IQ，另外80%则要受其他因素（尤其是EQ）的影响。

随着“一带一路”倡议实施的逐步推进，沿线各国的经贸交流将更加密切，我国物流管理与工程技术人才会更多地到沿线各国参加商务活动。“一带一路”沿线国家经济、政治、法律制度、政策环境、风俗民情差别巨大，商务开拓存在一定的风险。“国之交在民相亲，民相亲在心相通”。提高情商，加强这方面的培训不失为一种物流专业教育的补充。建议鼓励学生选修“沟通与谈判技巧”“交往与礼仪”课程以及学习“一带一路”沿线各国法律制度和民俗知识等内容。

3. 物流专业教学计划制订的原则性与灵活性

元素成分相同，但组合排列结构不同，就出现了不同的性能。例如，金刚石和石墨的化学元素相同，都是碳元素，但由于原子排列组成不同，就形成了迥然不同的性能。在物流专业（高等）教学计划的安排上，除了夯实企业经营的核心课程群之外，例如，在“医药冷链物流”“港口物流”“装卸机械”等方向可否随地方需要或形势发展设置专门化；又如在主要技术含量高的课程上适当增加学时，精心挑选教师，安排合适时段等，也会起到出人意料的效果。

参考文献

[1] G. 曼昆. 经济学原理 [M]. 机械工业出版社，2003.

[2] 王慧敏. 强化意识创新思路　努力提高物流与供应链管理水平 [N]. 现代物流报，2012-10-09.

（作者吕昌为北京师范大学珠海分校物流学院教授）

适应新形势的物流专业人才培养思考

王成林

当前，物流产业已经成为我国经济发展的战略性支柱产业，是国家重点发展的现代服务业的重要组成部分。产业规模持续增长，产业技术水平不断提升，对物流类专业人才，特别是具有专业能力的应用型人才需求不断上升，物流人才已经成为国家重点培养的紧缺型人才之一。随着国家包括“一带一路”、长江京津带、京津冀协同发展等重大战略实施，对物流人才的数量和质量要求也在不断变化。现代物流产业内的有识之士都已经给予了专业人才培养足够的重视，认为专业人才的培养是企业成长的基础，也是产业发展的推动力，今天的学生将是明天的企业员工，未来也将是产业的领袖，人才的特质将会直接影响甚至形成新的产业特质，所以人才的培养是物流业可持续发展的核心问题，而实战型物流人才培养是适应产业发展需求的一个重要趋势。但是由于我国物流专业教学起步较晚，人才培养体系建设还在不断完善，特别是物流实验教学工作相对较为滞后，突出表现为专业人才教学资源的局限性与阶跃式增长的人才培养需求之间、单一化的教学方法与多元化学生培养能力要求之间、校内专职师资力量与社会教学资源缺乏有机融合的矛盾，需要解决好理论与实践、全球经济一体化进程与人才培养国际化、物流人才的供给与企业的实际需求的不匹配问题，要求物流教学特别是实验教学的发展不断地改革创新，总结出一套适合我国国情的物流专业的教学体系，以适应国家的重大战略发展需要，特别是“一带一路”等重大项目的发展需求。如何培养适应新形势的物流人才，笔者认为，认清形势是前提、统一思想是基础、更新理念是关键、寻求共赢是核心。

一、复杂的产业发展现状对高等院校人才培养提出挑战

产业中作业模式的形式多样，加大了专业人才培养的难度。目前，国内的物流服务产业发展水平差异化较大，手工化、机械化、自动化及智能化并存，网络化水平不高，对人才的需求也相应呈现多元化的体征，使高等教育服务产业的难度加大，加之高等学校自身所面临的培养周期较长，区域特色明显等问题，使很多院校较多地采用了“通用知识 + 专业模块 + 特色课程”的方式来组织教学过程，从而最大限度地满足产业化的产业需要。对于重视实操的物流产业而言，定位应用型人才的高等院校面临的挑战会更高，一些院校的定位确实已经从传统的学科型配置逐渐转化为以应用需求为导向，高职类院校体现得更加明显，本科院校则通过设置专业方向来加以体现。随着全球社会经济的变化，国家化趋势不断强化，以“一带一路”为代表的国家战略实施为国际化发展提供了良好的外部支撑环境，对于物流运作提出了新的要求，对于专业人员的要求也有了更为确切的要求。

同时需要考虑到“产业的教育”和“教育的产业”正在加速变迁。由于物流产业规模巨大，对物流专业人才的需求旺盛，从而导致产业的教育资源需求急迫，但是教育的产业需要培育，目前包括政府、学校、协会、企业等都在更深层次地参与到产业化的教育中来，并形成了各具特色的教育产业。但是随着新一轮政府改革措施的实施，目前以国内认证为主要特征的岗位化教育越来越受到限制，而企业随着自身业务的不断创新深化变得越来越重视人才的培养，有规模的物流企业都建立了自身的企业大学，并且与自身原有的院士工作站、行业重点实验室、博士工作站等形成合力，共同构成了服务产业的教学系统。学校目前作为物流产业人才培养的主体仍然在发挥着重要的作用。学校具有国家赋予的招生权利，是人力资源的高度聚集区域，同时也是目前国内产业理论研究的高地和技术创新的重要策源地，现阶段对于其他教学产业主体具有明显的比较优势。

在产业发展的过程中需要重视产业的人才成长规律。由于目前物流类服务企业或者部门处于整个产业利润分配的底层，因此，行业的整体利润

率水平较低，相应的人力薪酬吸引力下降，加之由于受到学科设置、专业建设历史等多种因素的影响，目前物流专业人才的培养在招生阶段并不处于优势地位，在专业学生毕业寻找工作阶段也有较大比例的学生没有选择在本领域择业发展，在经过了几年的发展后，很多产业内的学生又流向了其他领域，使物流领域的人才培养在时间维度上出现了优质人才逐步流失的现象，但如果能够不断积累强化，则可以较快地成长，并成为业内精英。因此，在高等院校定位实战型人才培养的过程中要能够更加准确地把握这一点，更加充分地让学生了解产业情况，使学生更加主动地参与到培养的教学过程中来。

二、谋求共赢，将专业实战型人才培养转化为新价值的创造过程

实战型人才的培养是一个多种教育资源相互作用、融合的过程，不能简单地定义为操作技能的培养和企业案例的讲解，特别是对于本科及以上学历的专业人才培养，更应力求智力成果创新和人力资源提高并重的新价值产生，应该更多地创新形式，将学校、社会（企业为主）之间的人财物资源全面打通，实现深度融合。以目前开展的网上教学为例，物流类网上教学课程可以改变过去单纯的名师讲学模式，将适合的社会、企业资源以实景的形式引入，实现课堂与企业的零距离切换，企业家资源与教师资源的无缝对接，并进一步与企业合作，将其作为企业的在线培训资源，利用学校资源开发可推广的教学产品，面向更多的用户进行推广，将优势教学资源进行转化，形成教师新的收入来源，学生获得企业实践的机会，企业降低培训成本，教师获得更多的收益。

高等院校都具有其特有的历史和发展历程，有其独具特色的优势和服务领域，特别是作为具有行业特色的地方高等院校，往往在该方面体现得更为明显。因此，学校更应重视社会服务水平的提升，从而提升自身的影响力，培育核心竞争力。随着高等院校管理体系的进一步转变，社会对高等院校的定位也随之改变，如何进一步提升校园资源的开放度，共享、融合宝贵的高端资源成为地方特色高等院校的重要命题。

目前地方特色高等院校提供的社会服务类型在不断扩展。一些具有行业特色的院校由于继承和发扬了已有的行业领域研究优势，在面向以企业为主的行业领域中积累了丰富的经验和资源，成为推动行业发展的重要力量。为了更好地做好社会服务工作，扩展高等院校的发展空间，培育学校新的发展动力，行业高等院校需要构建产学研合作的新体系，形成创新发展的新模式。目前以高等院校为核心或者重要组成力量的社会服务体系正在不断构建、演变和完善，从而形成了更多的合作模式。一些高等院校调整发展战略，将对外合作作为推动学校的重要抓手，正确地分析、梳理、厘清地方政府、企业、行业协会等不同的诉求，通过构建面向行业领域服务的产业联盟、产业园区等各种渠道构建合作平台，降低学校和产业之间的沟通成本，学校通过提供物理空间、高端智力咨询、专业人力资源支持等形式，以云服务的资源共享为合作理念，形成了新型的产业资源集聚区。此种模式下，我们需要明确学校和产业之间的关系是互动的，是一种持续的变化过程。以往产业资源集聚有自身的规律，例如，以大企业为核心的产业集聚。同时，中小型企业汇集也有自身的产业拉动能力，但是随着消费形式的多样化、产业资源碎片化趋势明显，小微企业的发展出现了新的形式，对于产业发展环境的要求也不断变化，基于“互联网 +”的思想，小微企业基于平台模式也形成了新的产业资源获取模式，以孵化器、众创空间等为代表已成为产业集聚的新模式。学校在这种模式下有得天独厚的优势，以往仅仅是构建专业的人才培养基地，现在则不然，在智力、物力、资本集聚模式变化的条件下，以学校为主的产业服务平台出现的条件已经基本具备，特别是高精尖的产业集聚区的构建以及现代的科研云服务技术和平台，使产业发展有了新的融合模式。例如，以往由于信息不对称等原因，仅仅是通过单一的校企合作构建测试平台，为行业某一企业提供技术服务，而现在依托“互联网 +”模式，该类资源则成为众多专业领域企业的科技公用支撑平台，服务的范围和能力明显增强，随着创新性要求的不断提高，自身的社会服务能力也不断提升。例如，在某一类校园产业园区有农产品物流产业集聚，对于可以完成农产品流通过程中物流作业因素影响检测的设备就有了新的机遇。同时在这一平台上，教师改变了仅仅是争取横向科研项目的单一成长模式，与社会需求的多渠道联通可以为教师的事业发展提供更好的促进平台，包括成果转化等创新模式的出现，可以让更多的社会资源介入，避免了单纯地科技资源使用形式。企业也可以考虑将其实际运作过程中使用的设备以捐赠或者免费借用的形式提供给学校，并以学校为主有针对性地开发实验课程，让学生掌握相应的技能，在企业进行人员招聘的时候会优先录用具有该项技能的学生，使之尽快投入工作之中，实现“来源于企业，再现出企业，而又高于企业”的实验教学环境设计目标，并达到以“知识 + 技能 + 经历 + 经验 + 能力 + 素质 + 资质”为核心的七位一体递进式能力培养目的。

采取多种形式的合作，使专业人才的培养有了更多的平台，使学生的培养渠道不断地得到丰富，进而降低了专业人才的培养成本，提高了人才的培养质量。未来地方特色高等院校的社会服务体系构建需要更深入地探索，才能更好更快地发展，从而进一步促进社会资源的深度融合，推动社会的可持续进步。学校的管理模式不能一成不变，要适当地做出调整，重点包括学校对教师、学生的评价体系需要更新，对自身的管理体系要有改革的勇气，新的多主体参与的实践教学体系会打破原有的管理模式和利益分配格局，突出表现是，管理成本将会不断上升，教学资源分配的权利下沉，教学评价的方法丰富，教师、学校的收入多元化。例如，学校购买了大量先进的3D打印设备，是否可以建立学生的创新工坊，并组建跨专业的数字化供应链管理和运营团队，建立商业化的数字化模型设计、展示、转让、制造的全过程支撑环境，同时与学生共享利益。在订单班的集体式定向培养的基础上是否能够探索“公共课堂教学 + 个性化企业实践”的双模式课程教学形式，并合理地将服务企业获得的收入变为学生、教师和教学管理人员的共同财富，都面临着优化设计学校实践体系的挑战。

三、优化设计学校实践体系，培养学生综合能力

培养适合“一带一路”发展需要的专业人才，需要有更加广泛的国家化视角，美国、日本、欧洲等国家在相关的领域都进行了有益的探索，可以供国内借鉴。通过对比美国、英国价值链管理专业前50名的高校培养方案等相关资料，在寻求共性的基础上，相关的专业人才能力要求有

一定的差异，更加突出其系统的视角、领导力、财务管理能力国际化视野、质量控制能力、风险管理能力、战略管理能力、谈判能力以及和企业的合作能力，学校之间也略有差异。例如，排名越靠前的学校，对战略管理能力要求越高。在培养的方法和形式上，各个学校都普遍重视实践教学环节，突出学生的综合能力培养，形成了系统、完善的实践教学体系。在与企业的合作方面，包括德国的职业教学模式等都可以作为借鉴，美国作为全球经济的领跑者和重要的规则制定者，其在物流领域的专业人才培养也同样重视实践环节，学生的暑期实践项目遍布世界各地，形式多种多样，学生有充分的选择。与学校的培养制度相配套，其社会保障服务业也十分的发达，为开展实践教学提供了良好的外部环境保障。综合国内外的经验来看，实战型物流专业人才的培养是一个探索、收获的过程，需要不断加深对产业的认识，并科学合理地推动，未来一定会走出一条富有特色的道路。

四、基于实验教学示范中心的实践教学体系构建探索

实验教学示范中心是开展物流实验教学的重要基础平台，具有典型的辐射和示范作用，北京物资学院作为国内知名的、以物流和流通为特色的专业院校对实验教学示范中心的建设更加重视，努力打造以物流系统与技术实验室为基础的物流实验教学示范中心，其建设始终坚持要瞄准国家战略发展的新需求，适应物流行业的新变革，紧密结合当前人才需求变化，坚持实验教学模式改革创新，扩大开放力度。实验教学示范中心的建设始终强调理论和实践相结合，注重学生综合能力培养；注重教育教学方法与时俱进，提升实验教学效果；重视国际学术交流与合作，汲取发达国家人才培养经验；重视科学研究解决社会和企业实际问题，倡导以科研促教学。

物流系统与技术实验教学示范中心经过十余年创新实践，已经形成了实验教学示范中心“适应新形势、形成大平台、构建大团队、实现大转变”的建设理念；在这一理念的指导下，形成了以三维驱动的教学方法为手段，以三元并行的教学师资为保障，以一个多方联动的资源池为基础，

以实验室联盟和中关村开放实验室为拓展的，实现高度契合产业要求的特色应用型人才培养目标。该体系如图1所示。

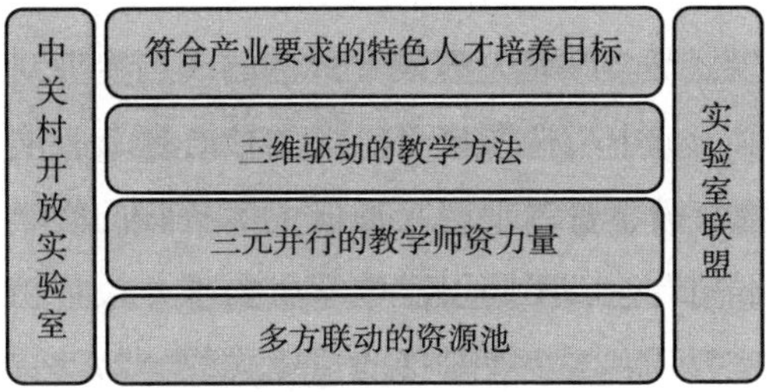

图1　实验室教学体系示意图

1. 以三维驱动的教学方法为手段实现实验教学方式的大转变

实验教学示范中心改变了传统的实验教学单纯强调动手能力培养，简单示教的教学方法，根据设定的人才培养目标，提出了适合物流类专业特色的教学方法，提升教学效果，培养学生的综合能力。

（1）实验教学示范中心重点着力于实现学校与企业之间的无缝对接，以学生需求为导向，提出面向应用型人才的、以“知识＋技能＋经历＋经验＋能力＋素质”为核心的六位一体递进式能力培养方式，立足于提升学生的综合能力培养。

根据物流理论知识的特点，将实验室教学与课堂教学有机结合，将理论教学过程通过实验操作在线展示，结合学生的操作完成，实现学生“知识＋技能＋经历”的同步培养；通过案例式、实景式的教学场景引入实现学生“经历＋经验”的同步培养；通过参与学科竞赛、大学生科学研究与创业计划、教师科研项目等实现学生的“知识＋技能＋经历＋经验”的拓展应用。通过上述环节的培养，实现了学生综合能力以及素质的六位一体递进式培养。以物流管理专业实验教学为例：首先，依托基于物流操作流程物流实验项目培养学生的仓储作业方面“知识＋技能”；其次，依托实验室完成基于实际企业仓储物流规划设计需求的设计型物流实验项目培养学生的“经历＋经验”，再次，依托基于学生参与教学研究的科研探索型物流实验项目培养学生的“能力＋素质”。通过此种教学方法，可以使学生在实验教学过程中由浅入深、由点到面的了解物流系统的基础专业知识，掌握相关技能，具有实际运用的能力和背景，具备充实专业工作的全面素质，从而符合企业对人才的需求。

（2）依托实景式教学环境，开展开放性的“与企业对接的情境式”教学活动。实验教学示范中心选取物流系统的核心环节，实景再现了与实际物流企业相同的物流教学资源平台，形成了实景式的教学环境。在教学过程中，可以根据不同专业、不同层次的学生要求，模拟仿真不同类型的企业实际应用场景，为开展与企业对接的情境式教学活动提供了良好的支撑基础。

教师在具体设计实验方法时，首先分析应用背景，然后通过问题的提出、问题的分析、问题的解决等环节，完成与企业实际问题的对接。这种教学方法摆脱对物流设备操作演示形式的高度依赖性，增强了实验教学的“真实感”，调动了学生的学习热情和参与度；以此平台为基础，在实验教学过程引入了大量讨论式、参与式、团队式等“与企业对接的情境式”教学方法，将实验室教学、课堂教学、企业情境统筹考虑；教学过程中重视以实验前理论教学准备为基础、以实验课程教学为提升、以实验后结合企业情境实践创新应用为促进，将实验教学方法进一步丰富和完善。

同时实验教学示范中心在原有扩展实验教学的内涵，强调与企业的无缝对接的基础上，提出“来源于企业，而又高于企业”的实验教学开发原则，不简单地照搬实际场景，而是进行了二次升级和改造，形成了利于教学开展的基础。

以物流管理专业自动化立体仓库应用实验为例，首先购置了与企业实际应用结构完全类似，但规模较小的自动化立体仓库系统，并将学生试卷作为模拟商品置于仓库内部，赋予了仓库以实际的存储功能，从而模拟仿真了具体的企业实际应用场景。在教学过程中首先采用“无领导讨论”的团体参与研讨式的教学方式进行库存管理对象编码的教学，然后采用对比的方式进行条码、RFID 性能比对，结合实际管理需求进行选型。在自动化立体仓库储位管理环节中，利用案例分析法结合企业的实际应用背景进行仓储货位的实际选择设计，合理地加入了货架编码、存储原则以及仓储管理系统设计等问题，加强了学生对理论知识的应用能力，并最后操作完成了出入库的流程。该实验模块的教学内容均来自企业，并采用企业通用的教学设备和单据等，通过上述一系列环节的完成，使学生较为全面地熟悉了企业的实际流程，可以直接完成企业的实际操作任务，实现了与企业运作的无缝对接，取得了良好的培养效果。

(3) 开展“实操 + 探讨 + 提炼 + 拓展”为基础的四段式探究式教学方法，提升实验教学效果。为体现和强化学生实验教学环节的参与度，真正实现其主体地位，在实验教学过程中，采用了“实操 + 探讨 + 提炼 + 拓展”的四段式探究式教学模式。强调实验教学中“实践→理论→实践”的知识认知和发展应用过程；与课堂理论教学并行互促，强调“用耳听 + 在课堂用脑记、用心记 + 在实验室用手做、用眼看 + 在企业用心想”的多重感官综合刺激，强化知识获取、保存以及应用的学习过程。

依据此方法进行了系统的教学环节设置。例如，在流通加工的包装部分教学中将理论知识先进行讲解，同时通过实验室进行包装设备的实际操作演练，最后通过北京燕京啤酒集团公司参观包装生产线完成包装设备的实际应用验证，探讨该类设备的选型原则，并进一步提炼总结该类设备的技术特点。在此基础上，选择了流通环节的电子芯片等作为对象进行单体配送运作业务的实际包装选型与设计，为实验教学深化寻求到一个新的扩展空间，学生基于该成果已经申请并获得了10余项国家专利，从而完成一个完整的实验教学循环，使学生扎实有效地掌握了相关专业知识，并开展了具体应用。

有效的教学方法极大地提高教学效率和教学效果，实现了实验教学模式的三个转变，即从以教师教为主向以学生学为主转变，从单一理论讲授向多元化教学方式并行转变，从单纯理论验证到侧重实际应用和创新的实验教学方式转变，突出了学生自主实践能力和探索精神的培养，取得了良好的实施效果。

2. 以三元并行的教学师资为保障构建大教学团队，为实验教学提供人力资源保障

实验教学工作的开展要以教师为主导，良好的师资力量是实现教学目标的重要保障，单纯依赖学校教师完成实验教学受到了教师数量、经历等

方面的限制，为扩展师资力量，实验教学示范中心形成了包括校内教师、校外导师以及海外导师等在内的三元并行的教学团队构建策略，极大地扩展了师资力量的构建渠道，形成了教学工作开展的良好保障基础。

（1）以双师型为特色的校内师资力量培养。实验教学示范中心通过多种途径加强师资力量培养；挂职锻炼、横向科研项目合作等搭建了校内教师与企业沟通桥梁；同时通过参加GLM、高级设备管理师培训等项目强化了教师的实践能力培养。目前实验教学示范中心80%以上的教师都具备了相关的实践经历，近10名教师获得了相关的行业认证。通过一系列措施，对物流产业现状具有了较为深入的了解，“接地气”的培养项目带来了实践教学水平的提升。

（2）以校外导师、人生导师、企业家常驻项目等为依托的校外师资引入。在学校的大力支持下，采取多种形式吸引大批的校外产业精英加入实验教学示范中心的建设中。校外导师、人生导师等通过示范授课、学生讲座、项目指导、参与实验室建设规划等多种形式加入中心的教学活动之中，并积极与校内教师合作进行联合授课，为学生带来了最新的物流产业动态、技术应用案例和解决方案，良好地与校内资源形成互补。

（3）运用“国际学生合作+国外导师制”，推动学生能力培养，实现国内外资源共融。依托学校长久以来与国外物流高校建立的合作关系，严格评估国外合作院校与我校资源和培养模式的相似度和互补性，与德国巴符州立大学、丹麦VIA等应用型大学共同合作，成功开展物流交换生、互派教授讲学、结对实习等项目的基础上，充分利用国外专家、学生来实验教学示范中心交流和进修的机会，采用国内外学生“一对一国际合作”试点，共同完成实验过程、撰写实验报告、共同研讨和总结，通过此过程培养学生的国际化视野和跨文化交流能力，通过选派“国外导师制”，实现“国内外双导师制”，指导学生在企业开展现场实践和课题研究，培养学生解决工程实际问题的能力、科技研发和组织管理能力，以适应国际化企业的需求。参与该项目的学生国际化视野明显开拓，有一半以上的学生到具有国际化物流运作背景的企业工作，适应了北京建设世界城市的人才需求。目前已经有30余名学生参与了该项目，近20余名国外专家成为实验教学示范中心的“国外导师”。

校内教师、企业导师、国外导师共同参与教学互动，形成了三元并行的师资结构，很好地丰富了学校实验教学的内容，使学生更加充分地了解行业的运作现状，并扩展了国际化视野，更多地参与了相关的企业实践活动，取得了良好的实施效果。

3. 基于多方联动的资源池形成大平台，服务实验教学工作

学校作为实验教学工作的主体，受到校园、教师知识结构等多方面的限制，已经不能满足现在物流教育对资源的配置需要。为解决这一“瓶颈”问题，实验教学示范中心通过实验教学资源的扩展和提升，倡导多元主体参与的大实验室、大平台的构建理念，将高等院校的实验室资源与社会资源充分的融合，基于虚拟现实的新理念，建立“学校＋社会”的大实验教学平台，改变了传统的依赖学校单一主体的实验室建设模式，极大地扩展了传统教学实验室建设的外延。该体系中学校、企业、政府等共同参与实验教学平台建设，成了规模较大、动态更新较快的实验教学资源池。

基于该理念，实验教学示范中心创新体制，通过成立“物流博物馆”“校企合作工程中心”“政府机构研究中心”等多种形式将企业的设备、技术、信息等资源广泛的引入实验室建设，形成了实验室建设资源的广度扩充，实验室为企业、政府提供技术、展示等服务进行回馈，多方联动形成了多层次的共享机制，形成了多方多赢的利益共同体，激发了多个主体参与实验室建设的积极性。

（1）企业参与实验室平台建设，实现基础资源的共享。目前，集保集团等企业都已经开始和学校合作，将相关产品纳入中心的基础软硬件体系，双方共享实验基础资源，将学校教学与企业研发有机结合，将教师教学与企业联合技术攻关结合，扩展了实验室的建设渠道。集保集团将该公司的最新集装产品免费赠予实验教学示范中心，供实验教学使用，并与中心人员共同探讨该类产品的应用模式，获得了良好的效果。同时，昆船集团等企业还合作建立了联合认证培训中心，共同开展与该企业相关的实践教学服务，不但为企业提供了良好的售后服务平台，还提升了实验教学示范中心服务社会的职能。

（2）基于虚拟现实的校外实验室建设，实现校内外资源联动。物流技术和产品更新速度很快，单纯依靠学校资源，使教学资源保持适当的前瞻性和覆盖面难度很大。这种局限性可以通过和企业资源有机结合，形成以学校为中心，校外企业等为辅助的实验建设模式来改变，形成学校之外可以利用的虚拟资源，实现校内外资源联动。通过校外人才培养基地建立了广泛的企业资源网络，与实验室现有资源形成了良性互补。

(3) 构建“实验室联盟”，推进适应教学资源共享。倡导优质资源共享，以实验教学示范中心为核心，提出了物流实验室联盟构建理念，以该平台为依托，形成了开放式的资源服务平台。联盟成员共享实验资源，以学分和学时互认为基础，实现学生、教师、软硬件平台的优质资源共享。目前，已经有超过一百多所院校来校参观交流访问，范围已经覆盖到华北及其他地区，北京地区的多所高校常年在实验教学示范中心完成实验教学工作，实现了优质实验教学资源的广度共享，对促进我国的物流教育发展起到了良好的促进作用。同时有包括美国、德国、日本、韩国、英国、丹麦等在内的多个国家来我校进行实地交流，对中心的实验教学工作做出了肯定。

此外，针对不同专业教学内容的要求，中心还开发出部分特色型课程，形成了以经管专业为主、辐射工程专业的特色教学方法和内容。例如，针对北京化工大学的机电设计专业开发了基于物流装备设计的专项教学方法和内容。

在构建实验平台的过程中同时重视校内资源的利用，重视实验室开放与学生社团活动相结合，在物流学院成立了科技部和物流学会，直接负责和实验室教学活动的对接，广泛地发动学生的力量，并且吸收部分学生参与开放实验室的管理和建设，提高学生的参与度。学生社团在学生创新活动中也发挥了重要的作用，学校为社团提供活动场地和经费。学社每年从新生中接收新成员，由教师和高年级的学生对他们进行培训和进行各种讲座，学生根据自己的特长或兴趣在社团中开展创新活动和各种竞赛训练。目前物流协会每年都组织学生参观实验室和组织各类活动，开展的物流文化月活动充分利用实验教学示范中心资源，参与的学生每年数量众多，并被央视物流频道进行报告。

物流人才的培养是推动国家重大战略实施的重要保障，在“一带一路”倡议实施的过程中，实现国家的互联互通，需要物流产业的大发展，物流专业人才培养目前是该项事业发展的一个“瓶颈”，但也是难得的机遇，只要能够做好相关的工作就会事半功倍，获得良好的效果。高等院校作为专业人才培养的基地，要发挥其引领作用，提高人才培养质量，为推动国家战略实施做出应有的贡献。

（作者王成林为北京物资学院物流产业技术研究院常务副院长、教授）

“一带一路”对语言人才的需求及其培养探讨

杨彩梅

一、引言

“丝绸之路经济带”和“21 世纪海上丝绸之路”（简称“一带一路”），有利于我国实现国内与国际的互动合作、对内开放与对外开放的相互促进，从而更好地利用两个市场、两种资源，拓展发展空间，释放发展潜力。

促进我国与“一带一路”沿线国家的贸易发展，改善我国的对外贸易结构。其中，语言与文化障碍的克服，是推动“一带一路”发展的重要方面。如何保障语言与文化的交流无阻？语言领域怎样提供相应的语言服务？对于语言的人才培养，我们该如何利用这个机遇，推进新的人才培养模式来提高我国与相关国家人文交流，发展语言产业呢？

“一带一路”建设的实施，使沿线国家之间人员往来更加频繁，各种深度合作日益增多，因而需要大量的精通沿线国家主体语言和相关地区语言的人才。就现实而言，由于我国长期主要聚焦于欧美语言，对“一带一路”区域的语言关注不多，准备不足，相关语言人才严重不足，这就使“一带一路”建设的语言人才需求变得更为迫切。

高健（2014）[1]提出有关新“丝绸之路”关键语言的国家外语能力行动方案：一是改变“英语独大”的局面，鼓励更多的中国人学会一到两门关键语言；二是培养更多具有能源、交通、商贸、物流等专业背景的高水平关键语言人才；三是建设好关键语言人才库，及时了解人才储备状况，以便据此调整未来的外语规划和政策；四是建设好关键语言语料库并及时更新，以满足关键语言的教学、研究、资政、兴商之需。在培养多种语言人才中要分两部分进行，即对于在校的大学生和贸易企业人员培养方案应该有不同的模式。

二、创新在校生的语言培养

1. 改善语种结构

有资料显示，目前世界上仍在使用的语言有6000多种，而进入我国教育部本科专业目录的外语语种目前还不到70种。"一带一路"所覆盖的中亚、南亚、西亚等地区，涉及官方语言达40余种，而目前内地教授的语种仅20种。[2] 尽管全国学习外语的绝对人数很多，但绝大多数学习的是英语。

由此可知，我国外语资源贫乏，不仅语种不多，而且语种结构不合理。从"一带一路"建设的需要来看，更是难于满足未来之用。因此，必须通过调整专业布局、增加语种数量、改善语种结构，来加快语言合理化布局。

2. 提升语言人才培养素质标准

针对过去我国语言教育存在的人才素质单一、能力薄弱等问题，进一步加强语言人才综合素质培养和实际能力的提高，提升培养标准和规格，提高培养质量和水平。其中，应重点优化学生知识结构，除了基本的语言文学知识之外，还应强化相应的文化、历史、政治、经济等知识教育；以达到语言与文化素质同等的想象。再则，强化专业水平，实践训练，努力增强学生的语言能力、跨文化交际能力和研究能力，造就语言能力、国际交往实务能力和专业综合能力并重的高级人才。

3. 重视复合型人才培养

基于"一带一路"建设行业领域的整体布局和大规模推进的人才需求，以不同方式，大力培养"外语+专业"的复合型语言人才。目前国家的外语人才以语言培养为主，忽略了专业知识的培养，所以现在面临的是人才单一。

4. 创新培养模式

“一带一路”建设对语言人才具有多样化需求，传统的培养模式和专业格局难胜其任，因此，必须加强合作，整合资源，创新培养模式及方式。通过中外联合培养，提高人才对不同语言文化及社会环境的适应能力；通过校校合作，整合优势教学资源，对学生进行优质教育；通过校企合作，提高人才的针对性和实践能力；通过跨学科专业培养，提升人才的综合素质和全面能力。在培养形式上，可全日制培养与短期培训和在职学习并举，走出去培养与请进来培养相结合，输出性培养与本地化培养相结合，以适应各种不同类型的语言人才培养的需要。总之，语言需求丰富多样，语言是交际工具，任何基础建设、经贸交往都离不开语言沟通。同时，语言又是文化载体和文化要素，是经济资源，是当代科技创新的要素，这都决定了“一带一路”建设在不同层面都需要语言支持。

现实中也有很多以语言文化融通促经贸合作的成功范例。例如，在土库曼斯坦，我国石油企业尊重当地文化，学习当地语言，积极为所在国培训企业管理人才和工人队伍，为当地公益事业做贡献，赢得了当地信任和支持，从而实现了民心相通基础上的经济效益和社会效益。这也表明语言文化通融的重要性和可行性。

三、拓展企业语言人才培养

1. 专门语言人才

专门语言人才不仅需要精通沿线国家的主体语言和相关地区语言乃至部族语言，而且应当熟悉当地文化、制度、风土人情和地理，具有国际视野和跨文化交际能力，以满足各种复杂的语言需求。例如，翻译、各类语言教师、语言策划师（服务于地区和企事业单位的语言规划及话语策划）、语言技术人员（语言信息处理人员、语言软件开发人员、语言资源建设和开发人员)、语言研究人员等。

2. “外语 + 专业”的复合型人才

“一带一路”建设会带来大量工程技术人员、经贸人员、交通运输人员、法律政治人士、文学艺术工作者、历史地理研究者等跨国工作或在本国从事国际业务，因而，就这些人士而言，不仅需要过硬的专业知识和业务能力，而且需要掌握工作目标国家和地区的语言。“外语 + 专业”的复合型人才是必然需求。专门针对“一带一路”沿线语种的外语教学政策与规划研究也已起步。文秋芳（2014）[3]通过对“国家外语人才动态数据库”高校外语专业招生情况的统计分析，指出“一带一路”的实施面临小语种人才匮乏的“瓶颈”，建议成立“丝路”小语种强化训练基地，设立“丝路”小语种人才培养基金，并改革招生制度、调整语言建设规划等。

3. 制订专门的语言规划

如上所述，“一带一路”建设的语言需求，在不同层面、不同行业领域、不同区域和不同人群各有差异，这就需要国家有关管理部门，尽快统筹制订服务于“一带一路”建设的语言建设规划，以便协调有关工作，全面推进语言服务能力的建设，以有效应对各种语言需求，为国家“一带一路”倡议的实施提供切实有效的语言保障。

4. 语言产品需求分析

“一带一路”建设涉及方方面面的语言需求，由于过去我国对这一区域的语言关注不多，相关的语言产品比较贫乏。

（1）需要功能互补的语言学习产品。例如，教材、教学辅导资料、课件、音频视频课程、工具书、电子词典、网络学习资源、语言学习软件等。其中既包括“一带一路”沿线国家或地区的各种语言学习产品，也包括面向“一带一路”沿线国家或地区的汉语学习产品。

（2）需要方便适用的语言应用产品。例如，便携式多语言翻译器、跨语文阅读器、高速率不同文字输入法等。

（3）需要丰富多彩的语言文化产品。就是以不同语言文字为元素或为载体的能够满足“一带一路”沿线国家不同文化需求的各种文化娱乐产品。例如，适合跨语种使用的文学作品、影视戏剧、文化知识读本、学术著作、游戏、玩具等。

参考文献

[1] 高健．新“丝绸之路”经济带背景下外语政策思考［J］．东南大学学报（哲学社会科学版），2014（4）．

[2]“一带一路”大战略带动中国内地小语种热［EB/OL］．中国新闻网，2015－05－07．

[3] 文秋芳．亟待制定“一带一路”小语种人才培养战略规划［R］．教育部咨政报告，2014．

（作者杨彩梅为北京师范大学珠海分校物流学院讲师）

下篇

“一带一路”与珠海物流发展

“一带一路”背景下珠海市物流业发展现状、问题及对策

童年成

《中共珠海市委关于制定国民经济和社会发展第十三个五年规划的建议》中指出：“加快发展高端服务业，强化城市集聚辐射功能，建设对接港澳、辐射大西南的航运中心、物流中心、科技创新中心和总部经济基地。”“整合口岸资源，优化提升保税区功能，规划建设港珠澳大桥国家级产业物流园，大力发展港口航运，保税物流和跨境电商，争取成为国家跨境电子商务综合试验区。”可见，珠海市委对珠海市物流业发展高度重视并做出了重要决策部署。

一、珠海市物流业发展现状

近些年，按照建设“国家创新型城市、国际生态文明城市、国际宜居城市、全国法治建设示范市”的奋斗目标，在市委、市政府正确领导下，珠海市经济实力持续增强。2014 年，全市 GDP 达到 1857.32 亿元，人均 GDP11.59 万元，三次产业的比例为 2.6∶50.6∶46.8，全市公共财政预算收入 224.31 亿元，全年完成固定资产投资 1135.05 亿元。全市社会消费品零售总额 815.71 亿元，比上年增长 13.2%，外贸受国际经济影响，全年完成外贸进出口总额 549.98 亿美元，仍比上年增长 1.3%，实际吸收外资 19.31 亿美元。

支撑经济增长的物流体系建设和发展同样取得明显成绩：

（1）主要物流指标呈增长态势。2014 年全年交通运输、仓储和邮政业实现增加值 35.19 亿元，比上年增长 6.9%。全年规模以上港口完成货物

吞吐量 10693 万吨，增长 6.7%，港口集装箱吞吐量 117.01 万标准箱，增长 34.1%。全市货物运输总量 11175.2 万吨，比上年增长 12.1%，货物运输周转量 161.78 亿吨公里，比上年增长 17.6%。全市邮政企业和规模以上快递企业业务收入累计完成约 9.83 亿元，同比增长了约 10%，全市快递企业收派件业务总量约为 7967.8 万件，同比增长了约 12%。多项指标呈两位数增长。“三高一特”、先进装备制造业产业带动物流业发展效应明显，物流总体发展势头良好。

（2）物流基础设施（重点项目）建设加快推进。全市立足港珠澳大桥通车、“一带一路”、横琴自贸区等重大战略利好，培育了珠港澳物流合作园、广珠铁路珠海西站物流中心、普洛斯珠海港国际物流园一、二期等一批重点物流项目。其中，珠港澳物流合作园的首期建设项目——珠海（保税）洪湾通关综合服务中心，面积约 90 万平方米（含市政道路），作为物流园的核心部分和大桥的配套功能，将整合香洲港、九洲港、大桥人工岛、白石查验场、湾仔豪通码头、加华码头、西域码头、洪湾港、保税区、横琴等地的货检功能，计划于港珠澳大桥通车前建成并投入使用。

（3）新型物流业态（电商物流）迎来快速增长期。其中，在格力、魅族、罗西尼等龙头制造业企业的示范带动下，制造业应用电商发展迅速，魅族 2014 年线上销售额同比增长达 230%，罗西尼 2014 年线上销售额同比增长 105%。据阿里研究中心统计，截至 2014 年底，注册地在珠海的网店账户淘宝平台为 2531 家，同比增长 20.75%，集中分布在家用电器、打印耗材、旅游、电子产品等品类。2014 年，阿里巴巴 B2B 电子商务平台注册并通过实地认证的珠海企业总计为 7.08 万家，同比增长为 73.1%，集中分布在数码电脑耗材、服装、礼品工艺品、机械及行业设备、食品饮料、商务服务等行业。

当然，正如《中共珠海市委关于制定国民经济和社会发展第十三个五年规划的建议》中指出的：“我市经济规模与珠江口西岸核心城市的要求还有差距，内外部交通联接存在瓶颈，创新驱动的基础相对薄弱，民营经济活力没有充分激发，东西部和城乡差距较大；基本公共服务配置不够均衡、质量不高等等。”珠海市物流业的发展同样存在不足，不仅本地物流企业“散”“小”“弱”，物流服务水平不高，而且，物流基础设施和市场环境也不尽理想，目前，尚无全面建成并投入运营的物流园区。除高栏港经济区外，航空产业园、富山工业园、高新技术产业区等产业集聚区的物流园区尚处于规划建设阶段。

二、珠海市物流业发展存在的问题

1. 受产业规模制约，物流市场存在有效需求不足

全市产业规模总体偏小，未能形成强有力的产业支撑，产业集聚效应不够，导致物流市场有效需求不足。根据国家发展改革委综合运输研究所、珠海市规划设计研究院提供的物流产业发展规划研究报告资料显示，珠海市货运量与地区生产总值的比值高于广东省平均水平。较高的货运量与地区生产总值的比值说明，珠海市物流需求多由中转货物产生，而本市经济产生的物流需求相对较少。这一状况使珠海市物流业发展面临两难境地：一方面加大物流基础设施投入，物流市场供需矛盾将更加突出；另一方面，不增强珠海市物流体系的服务能力，珠海市得天独厚的区位优势和“依港兴市”战略的实现就难以完成。

2. 物流资源整合力度不强、体制机制有待完善

目前，珠海市物流基础设施逐步完善，承载能力充足，但因物流资源整合力度不强，以致无法发挥支持作用。市场定位与功能划分不明确，相互之间缺乏协调与合作，造成资源浪费和市场无序竞争。物流运作与服务环节衔接不畅，服务差异化程度弱，专业化水平较低，物流成本较高，竞争力较弱。全市物流业行政管理工作目前仍由市发展和改革局、交通运输局、港口管理局及商务局分别管理，管理机构分散，管理主体不明确。物流（扶持）政策方面，目前虽有一些引导物流业发展的相关政策，但政策面窄、力度不大、针对性不强。如洪湾片区物流资源整合问题，保税区通关中心、西域码头、珠海渔港、洪湾商贸物流中心等物流资源分属多个管理部门，物流载体分割，缺乏统筹整合，不利于发挥物流资源规模和集聚效应。

3. 物流企业“小”“散”“弱”的格局未得到根本性改变

珠海尽管有各类从事物流相关业务的企业近千家，但大多数企业仅从事传统的运输、仓储、货代等单一业务，具有显著区域竞争力的大型物流企业集团及第三方物流服务机构缺乏，第三方物流企业仅百家且规模普遍较小，仅有4A级、3A级物流企业各2家，尚无5A级物流企业。

4. 物流现代化水平不高，公共信息平台及标准化建设滞后

全市物流企业运作主要靠人力为主，RFID技术、机械手等自动化装备应用范围较小，自动化、智能化运作水平有待提高。全市物流企业，包括市物流高新企业基本没有应用机械手进行物流业务操作。物流公共信息平台滞后，全市尚未建成物流公共信息平台，物流各相关环节信息资源尚未整合，功能比较单一；一些重要部门如港口、机场、邮政等专用信息系统尚未与电子口岸联网，已建立的信息系统缺乏有效沟通与共享；令物流行业标准化建设滞后，影响物流业的协调发展和高效运作。

三、珠海市物流业发展的对策建议

“十三五”时期是完成全面建成小康社会任务的决胜阶段，按照习近平总书记对珠海建设“生态文明新特区、科学发展示范市”的目标要求，进一步推动实施“蓝色珠海、科学崛起”战略，以“三高一特”产业为龙头，抓住物流业这一基础性、战略性产业为纽带，引领珠海市经济全面可持续发展是治市兴珠的关键。

增强机遇意识、强化责任担当是首先必须明确的共识。世界经济在深度调整中曲折复苏，我国经济出现速度调整、结构优化、动力转换新情况，适应新常态、把握新常态、引领新常态，成为当前和今后一个时期驾驭经济进一步发展的逻辑起点。国家战略机遇期内涵的深刻变化，使珠海的先发机遇和后发优势更加凸显。努力从供给侧“优化结构、增强动力、化解矛盾、补齐短板”，不仅是从整体上破解珠海市经济发展矛盾的一把钥匙，也是打开珠海市物流业进一步发展的钥匙。

1. 推进物流业进一步发展的战略方向

（1）聚集发展。一是要充分利用珠海市自身物流资源条件，实现物流资源与要素在区域范围内的有效聚集。二是在通过物流资源与要素的聚集而带来整个产业布局、流通环境改善的基础上，实现相关产业在该区域的有效聚集。

（2）联动发展。一是从战略角度出发，加强具有先天发展基础并具备良好发展潜力的先进制造业与物流业的联动发展。二是立足自身优势，加大商贸业与物流业的融合发展。三是顺应发展趋势，加大物流业与其他新兴服务业如金融、保险业等的联动发展，通过联动发展提升珠海物流产业的能级及其产业附加值。

（3）整合发展。一是在物流产业内部加强既有存量部分的资源整合与要素配置，重点围绕海港、空港等既有优势物流资源，形成物流系统运作层面的资源组合。二是加强相对有限资源在物流业与其他产业之间的整合发展。三是突破珠海市行政区划，围绕港珠澳大桥、广珠铁路等重大项目，从整个珠江三角洲地区乃至更广阔范围的角度推进区域物流产业以及物流资源的优化整合，实现珠海市物流产业的整体提升。

（4）创新发展。一是加强物流产业发展方式的创新，实现由物流基础设施建设为主向设施建设与组织运行、服务提升并重转变，实现由物流产业的独立发展向与关联产业融合发展转变。二是加强物流产业服务模式的创新，顺应产业升级进步以及人们生活和消费模式改变的形势，重点推进利用现代信息、技术、交易媒介和手段而开展的物流服务，如电子商务物流配套服务以及物流金融服务等。三是加强物流系统运行机制创新，全力构建以物流企业为核心，以市场供需为基础的系统运行机制。四是加强制度保障创新，深化创新物流管理及运行层面的制度，着力构建政府与市场合理分工、优势互补，且能够充分体现效率与效益的制度框架体系。

2. 物流业进一步发展的几点措施

（1）着力培育物流需求增量。结合珠海市整个产业体系发展现状，在有效整合存量物流需求的同时，更多地创造增量物流需求。特别是要以珠海港为龙头（包括相关重要物流园区），对内推动西江战略、港铁联运战略等腹地经济战略，大力支持无水港建设，对外抓住“一带一路”倡议机遇，把珠海港建成“一带一路”上的重要枢纽港，从而从整体上做大做强珠海港、做大做强珠海市物流需求增量，恐怕是实现珠海“依港兴市”梦的根本所在。

（2）完善促进物流业发展相关政策。加快制定出台《珠海市生产服务业示范区、服务平台及示范企业认定管理暂行办法》，重点支持物流业等生产服务业行业发展，以财政资金撬动社会资源，推动物流业等生产服务业做强做大。

（3）加大行业扶持力度。加强与上级部门沟通。把握产业发展方向，积极组织企业申报国家、省级相关支持项目，争取更多资金支持珠海市物流企业发展。继续落实产业扶持政策。支持符合条件的物流高新技术企业享受企业所得税优惠政策，鼓励物流企业加强科技研发水平，享受研发费用加计扣除等政策，并在技术改造、技术创新、发明专利、高新技术等方面，对符合条件的物流企业给予政策扶持。

（4）跟进重点物流项目建设的服务工作。做好珠港澳物流合作园、广珠铁路珠海西站物流中心、普洛斯珠海港国际物流园等在建物流重点项目的协调工作，做好珠海港汇通物流园、港达供应链保税仓、信禾南屏物流中心、百安物流市场等投产项目的服务工作，做好珠海机场航空物流基地等已规划项目的跟进工作。

（5）引导物流资源集聚。以珠海市物流产业发展规划为指导，构建以高栏港、空港、珠港澳 3 大物流园区，富山、斗门港、金鼎 3 大物流中心，以及上冲、南屏、莲洲、金湾 4 大配送中心为主的物流基础设施系统，整合现有物流资源，并依托现有工业园区、生产服务业集聚区，培育物流需求增量。

（6）培育物流行业服务平台。推动交通枢纽客运货运运输物流信息化平台、珠海港物流信息平台、汇商网的建设，整合物流信息资源，实现物流资源的优化配置。

（7）强化行业协会职能作用。充分发挥物流协会等中介组织和研究咨询机构的作用，促进其更好地承担起行业自律的职能，协助做好物流行业战略和专业课题的研究，配合制定、推广物流行业标准，加强物流技术交流和物流咨询服务等方面的工作，积极开展项目评估、行业交流、培训考察等活动，服务物流行业发展。

注：本文写作过程中杨蓉、燕珍、朱江、周知宇、罗凌妍、沈凯、孙晓波参加了讨论并提供部分资料。

（作者童年成为北京师范大学珠海分校物流学院副院长、教授）

“一带一路”倡议下珠海物流产业联动研究

沈　凯　周知宇

2015 年 6 月 28 日，备受国内外关注的“一带一路”建设顶层设计规划终于亮相。国家发展改革委、外交部、商务部联合发布《推动共建丝绸之路经济带和 21 世纪海上丝绸之路的愿景与行动》（以下简称《行动》），“一带一路”建设大幕正式拉开。

珠海的横琴被列入《行动》方案。《行动》方案提出，充分发挥深圳前海、广州南沙、珠海横琴、福建平潭等开放合作区作用，深化与港澳台合作，打造粤港澳大湾区。[1]这意味着，珠海在 21 世纪海上丝绸之路建设整体布局中将占有一席之地。

一、珠海经济发展及物流发展概况

1. 珠海经济和物流发展区位优势

珠海是我国南方的一个海滨城市和经济特区，位于广东省珠江三角洲南端，珠江出海口的西岸，濒临南海，区位优越，东与香港水路相通，相距 36 海里，南与澳门陆地相连，西临新会市、江门市，北与中山市接壤，距离广州 140 公里。

近年来，珠海社会经济发展和物流行业发展处在一个重要的战略机遇期。2009 年初，中央决定启动横琴开发，横琴新区成为全国首个粤港澳紧密合作示范区。2012 年 12 月 29 日，广珠铁路正式全线通车。铁路设计时速 120 公里，年运量 6000 万吨，全长 189. 376 公里，途经广州、佛山、江门、珠海四市，打通珠三角西翼海铁联运的北上南下通道。2015 年 3 月 24

日，中共中央政治局审议通过广东自由贸易试验区总体方案，横琴被纳入广东自贸区范围。与此同时，港珠澳大桥建设如火如荼，预计 2016 年通车。港珠澳大桥连接香港大屿山、澳门半岛和广东省珠海市，为珠海市承接港澳服务业奠定了基础。

2. 珠海物流业与经济发展现状

近年来，珠海社会经济发展呈现高速态势。2013 年，珠海市地区生产总值 16623757 万元，增速高达 10.52%，其中第二产业增速 11.85%，第三产业增速 9.22%。物流发展成绩喜人，2013 年全市货运量 8568 万吨，同比增长 13%；货物周转量 1356182 万吨公里，同比增长 17.6%；港口吞货物吐量 7738 万吨，同比增长 29.5%；邮政业务总量 539476 万元，同比增长 66.9%。物流产业处于高速增长阶段，主要指标增速明显高于珠海 GDP 增速。

二、"一带一路"倡议下的珠海物流产业联动研究

1. 物流业与其他产业联动的关系

近年来，物流业逐步独立出来成为一个新兴产业，在我国国民经济发展中发挥着重要作用。从物流产业和其他产业的关联及支撑来分析：一方面，物流产业需要其他产业为其提供供给，对其他产业形成需求；另一方面，它也为其他产业提供供给，满足其他产业对物流的需求。物流产业与其他产业的关联是由供给和需求所联系的。[2]

国内外学者对于物流产业与其他产业联动关系做了大量研究：张屹芳运用系统动力学方法对陕西省现代物流产业与经济发展的互动关系进行了定性与定量相结合的研究，为现代物流产业与陕西经济协调发展提供了切实可行的理论依据；何青磊依托灰色关联理论和 logistic 模型，分析了江西物流产业和经济发展之间的互动关系，并利用物流投入弹性系数判断了物流与经济发展的协调性；韩丽红采用 shift – share 分析法、指数增长模型、logistic 增长模型对侯马市现代物流业与区域经济发展的互动关系，进行了

实证分析。通过量化研究，得到了现代物流业与区域 GDP、第一产业、第二产业和第三产业互动的数量关系。[3-5] 虽然研究方法和研究对象区域不同，但文献均实证了物流与经济发展的密切关系。

2. 珠海市物流产业联动实证研究

由于我国物流无论是实践还是理论上都刚刚起步，物流统计指标的统计比较滞后，导致无法准确地掌握我国物流发展的详细数据，统计年鉴中也无具体的物流产业数据。

鉴于目前我国物流行业主体包括运输、仓储以及部分邮政企业，本文以《珠海统计年鉴》为分析数据，将交通运输、仓储业以及邮政业产业数据作为物流行业数据，运用灰色系统理论研究物流产业和其他产业的相关度。

(1) 灰色关联模型的测算过程。灰色系统理论提出了对各子系统进行灰色关联度分析的概念，通过一定的方法，去寻求系统中各子系统（或因素）之间的数值关系。因此，灰色关联度分析对于一个系统发展变化态势提供了量化的度量，非常适合动态历程分析。

灰色关联分析的具体计算步骤如下[6]：

第一步：确定分析数列

确定反映系统行为特征的参考数列和影响系统行为的比较数列。反映系统行为特征的数据序列，称为参考数列。影响系统行为的因素组成的数据序列，称为比较数列。

设参考数列（又称母序列）为 $Y = \{Y(k) \mid k = 1,2,\Lambda,n\}$

比较数列（又称子序列）为 $X_i = \{X_i(k) \mid k = 1,2,\Lambda,n\},i = 1,2,\Lambda,m$

第二步：变量的无量纲化

由于系统中各因素列中的数据可能因量纲不同，不便于比较或在比较时难以得到正确的结论。因此，在进行灰色关联度分析时，一般都要进行数据的无量纲化处理。

$$x_i(k) = \frac{X_i(k)}{X_i(l)},\quad k = 1,2,\Lambda,n;\quad i = 0,1,2,\Lambda,m$$

第三步：计算关联系数

$x_0(k)$ 与 $x_i(k)$ 的关联系数

$$\xi_i(k) = \frac{\min\min|y(k) - x_i(k)| + \rho\max\max|y(k) - x_i(k)|}{|y(k) - x_i(k)| + \rho\max\max|y(k) - x_i(k)|}$$

记 $\Delta_i(k) = |y(k) - x_i(k)|$，则

$$\xi_i(k) = \frac{\min\min\Delta_i(k) + \rho\max\max\Delta_i(k)}{\Delta_i(k) + \rho\max\max\Delta_i(k)}$$

ρ 称为分辨系数。ρ 越小，分辨力越大，一般 ρ 的取值区间为（0，1），具体取值可视情况而定。通常取 $\rho = 0.5$。

第四步：计算关联度

因为关联系数是比较数列与参考数列在各个时刻（曲线中的各点）的关联程度值，所以，它的数不止一个，而信息过于分散不便于进行整体性比较。因此，有必要将各个时刻（曲线中的各点）的关联系数集中为一个值，即求其平均值，作为比较数列与参考数列间关联程度的数量表示，关联度 r_i 公式如下：

$$r_i = \frac{1}{n}\sum_{k=1}^{n}\xi_i(k), k = 1,2,\Lambda,n$$

第五步：关联度排序

关联度按大小排序，如果 $r_1 < r_2$，则参考数列 y 与比较数列 x_2 更相似。

在算出 $X_i(k)$ 序列与 $Y(k)$ 序列的关联系数后，计算各类关联系数的平均值，平均值 r_i 就称为 $Y(k)$ 与 $X_i(k)$ 的关联度。

（2）物流业与相关产业联动发展的关联度分析。为了针对性研究物流业和相关产业的关系，本文选取了与物流业较为密切的 5 个行业。在物流业与相关产业联动发展的测算过程中，本着客观、科学、全面的原则，确立物流业与其他产业相关指标，如表 1 所示。

表 1　物流产业与其他产业发展相关指标　　单位：万元

年份 / 相关指标	2009	2010	2011	2012	2013
物流业增加值	240843	253888	263493	270408	303532
工业	5067634	6193901	7142900	7202547	7755722
建筑业	371938	426174	501177	561101	734780
批发零售业	1008603	1255155	1462716	1571870	1779402

续表

年份 相关指标	2009	2010	2011	2012	2013
金融业	464521	559328	701994	828785	948958
外贸进出口总额	3744020	4347954	5163892	4566871	5416898

资料来源：《珠海市统计年鉴》。

根据以上所述算法，通过 EXCEL 计算，得到物流业与相关产业的关联度，结果如表 2 所示。

表 2 物流业与相关产业的关联度

行业	灰色关联系数	关联度	排名
工业	0.682	较高	2
建筑业	0.655	较高	3
批发零售业	0.621	较高	4
金融业	0.582	中等	5
外贸进出口总额	0.768	高度	1

通过分析我们看到，物流行业发展对外贸进出口总额的影响最大，对工业、建筑业、批发零售业影响明显，对金融业也有一定的影响。因此，积极发展珠海市的物流行业可以与其他产业形成产业联动，形成互相促进共同发展的局面。

三、“一带一路”倡议下的珠海物流发展策略

近年来，物流业作为支柱产业在珠海有了长足的发展。珠海市政府制定了《珠海市物流产业发展规划》，不断推出各项政策措施促进产业联动发展。在“一带一路”倡议下，根据目前珠海产业发展特点，本文提出以下建议：

1. 发挥珠海物流业对经济发展和对外贸易的引领作用

珠海物流业与经济发展关联度高，是珠海经济发展的支柱产业。如前所述，物流业与外贸进出口总额的关联度为 0.768，呈高度关联，对珠海的对外经济和贸易有着举足轻重的作用。在“一带一路”国家战略下，作

为海上丝绸之路的重要节点，同时兼具珠江和西江出海口的珠海，水路交通便利，且有天然深水良港——珠海港，从水路可直通巴基斯坦瓜达尔港。陆路方面，未来随着中印缅孟经济走廊的建成，我国西南的广西、云南等省区可与该走廊连通有望成为"桥头堡"。

珠海大力发展国际物流，可以为国际贸易的发展提供强有力的支持。

2. 做好珠海物流业和制造业联动发展规划

根据前文表明，珠海物流与珠海的工业关联度为 0.682，位居第二，因此，物流业的发展对珠海工业的发展作用意义重大。目前，珠海的工业发展正处在产业结构优化升级阶段，应加强珠海物流资源的统筹规划和协调发展、科学规划，大力发展面向制造业生产的现代物流、物流信息服务及外包等现代服务业，不断提升对制造业的服务支撑能力，构建物流业与制造业相互促进、相互补充的发展模式。

3. 大力发展物流金融服务

珠海物流与珠海的金融产业关联度为 0.582，呈中度关联。事实上，物流金融是一种创新型的第三方物流服务产品，它为金融机构、供应链企业以及第三方物流服务提供商业间的紧密合作提供了良好的平台，使合作能达到"共赢"的效果。它为物流产业提供资金融通、结算、保险等服务的金融业务，伴随着物流产业的发展而产生。

2014 年 2 月 19 日，珠海横琴煤炭交易中心成立。由该中心与秦皇岛海运煤炭交易市场共同主办的"2014（首届）横琴煤炭交易商洽谈会"也在珠海横琴盛大启幕。洽谈会围绕"共建煤炭物流与金融相结合的新平台"主题进行了深入探讨。[7] 随着珠海物流的进一步发展，物流和金融的结合将越来越紧密。

4. 进一步加强粤港澳合作，承接物流服务

珠海作为珠江西岸核心城市，毗邻港澳，可以进一步加强经济和物流服务的辐射范围和力度。物流产业既可以作为珠江西岸核心节点、服务区域经济中的实体，也可以发展虚拟物流和总部经济。

横琴新区作为深化“一国两制”下探索“粤港澳”合作新模式的示范区，吸纳物流企业总部入驻，承接澳门、香港金融、物流等行业的后台服务，大力建设物流公共信息平台建设。物流企业可以将横琴总部或分公司作为物流枢纽或中转节点，通过外部资源的有效整合，实现对粤港澳客户需求和市场机遇的快速响应。

四、结语

珠海市作为珠江西岸核心城市，参与“一带一路”建设，应该加快布局，争取抢占先机。珠海物流产业将与其他产业互相促进、联动发展，形成新常态下珠海经济稳定的经济增长点。

参考文献

[1] 国家发改委，外交部，商务部．推动共建丝绸之路经济带和21世纪海上丝绸之路的愿景与行动［J］．2015.

[2] 魏修建．现代物流与供应链管理［M］．西安交通大学出版社，2013.

[3] 张屹芳．陕西省现代物流产业与经济发展的互动关系研究［D］．西安科技大学，2013.

[4] 何青磊．江西物流产业与经济发展互动关系研究［D］．南昌大学，2009.

[5] 韩丽红．侯马市现代物流业与区域经济发展的互动关系研究［D］．山西师范大学，2015.

[6] 刘思峰，等．灰色系统理论及其应用［M］．科学出版社，1999.

[7] 马涛．共建煤炭物流与金融相结合的新平台［N］．珠江晚报，2014-02-20.

（作者沈凯为北京师范大学珠海分校物流学院讲师、博士，周知宇为北京师范大学珠海分校物流学院系主任、讲师）

海上丝绸之路战略下珠海港的发展对策

燕　珍

“21世纪海上丝绸之路”战略的提出，为中国沿海港口及航运业的发展带来机遇的同时，也能够推动沿海经济带，尤其是港口腹地产业结构和经济增长模式的转变。当前，中国古代海上丝绸之路南海航线沿途历经的福建、广东、海南等省区已经纷纷提出各自的战略定位，其中广东提出“打造成海上丝绸之路的桥头堡”。2014年3月，习近平主席在参加十二届全国人大二次会议广东代表团审议时强调：“中央提出了建设21世纪海上丝绸之路的战略决策，广东要主动谋划、积极作为，加强同东盟及东南亚国家经贸往来，在实施这一战略决策中发挥重要作用”。这是国家寄予广东的殷切希望和使命重托。珠海有着全省最长的海岸线、最多的海岛和最大的可管辖海域，完全有条件成为广东省参与海上丝绸之路建设的着力点。

一、珠海港发展现状

1. 港口建设

珠海港现有高栏、万山、九洲、香洲、唐家、洪湾、斗门七个港区。截至2014年底，全港生产性泊位155个，比上年增加7个，生产性泊位总长17819米。万吨级以上泊位27个。全港设计货物年通过能力15213万吨，比上年增长250万吨，其中散货吞吐能力13685万吨，比上年增长170万吨；集装箱吞吐能力191万标准箱（1528万吨），比上年增长10万标准箱（80万吨）。高栏港区作为珠海港主港区，现有泊位总数61个，比上年增长 5 个，年货物通过能力 1.35 亿吨，比上年增长 170 万吨，占全港货物通过能力的 88.9%，其中干散件杂货通过能力 12741 万吨，占全港 93.1%；集装箱通过能力 119 万标准箱，占全港 62.3%。

2014 年全港完成建设投资 16.88 亿元，比当年计划投资超额完成 44.1%。高栏港区 15 万吨级主航道工程已开工建设，标志着珠海港口配套设施保障水平将提升到一个新的阶段；高栏港区集装箱码头二期工程 1#泊位已建成交工，全港集装箱运输船舶的最大靠泊能力已提高至 10 万吨级。

2. 生产经营

2014 年货物吞吐量 1.07 亿吨，同比增长 6.8%；集装箱吞吐量 117 万标箱，同比增长 33.6%，首次突破百万标箱大关，在我国 24 个沿海主要港口 2014 年集装箱增速中排名第一。

3. 航线开辟

珠海港目前共开通集装箱班轮航线 59 条，其中国际航线 28 条（内支线 10 条），分别通往越南、日本、中国香港、中国澳门、中国台湾等国家和地区；沿海干线 11 条，通往海口、日照、厦门、大连、连云港、青岛、烟台、太仓、宁波、泉州、上海、营口等全国沿海主要港口；西江驳船支线 19 条，通往贵港、梧州、新会、黄埔、南沙、高明、佛山、小榄、中山、虎门、云浮、肇庆等西江沿线主要港口。

二、“海上丝绸之路”战略对珠海港发展的重要意义

1. 有助于珠海提升城市功能定位，促进经济社会快速发展

交通是国民经济的先行官，是决定一个城市区位优势的关键因素，对港口城市而言，港口运输又是交通中的重中之重。港口作为城市发展的基础保障条件，需要提高港口在完善与带动城市功能方面的作用，实现“港为城用、城以港兴、港城相长”。

“十二五”期间，珠海经济保持较快增长，珠海港处于大建设、大发

展时期；“十三五”期间，珠海港口建设发展将进入一个规模扩张与质量提升并重的新阶段。一方面，经济发展和珠三角区域一体化的深入使港口规模持续快速增长，货物运量、港口吞吐量增速明显放大，从而对港口基础设施供给能力提出更高要求。另一方面，港口货物运输对多式联运的协作衔接要求提高，对低成本、安全、及时等方面的要求更加突出，集装箱运输、商贸物流配送及各类专业运输需求迅速扩张，因此对港口服务质量方面的要求不断提高。

面对“量”和“质”的日益提升，珠海港需要进一步扩大港口建设水平，不断扩充供给能力，不断增强港口综合服务功能，以扩大港口的辐射、带动作用。港口的辐射、带动作用将使珠海与区域间、国际的联系更加频繁和紧密，有利于提升珠海城市功能定位，确立珠江口西岸核心城市的地位，从而在更高层次上满足经济社会发展需求。同时，对外联系的快捷性、方便性和可靠性也将成为影响珠海市投资环境和经济增长的重要因素，也是决定珠海市发展机会的关键因素之一。

2. 有助于珠海临港产业发展的战略部署

珠海“蓝色珠海、科学崛起”的城市发展战略，决定了港口及其临港产业的重要地位；决定了未来港口及临港产业将成为拉动城市和区域经济的引擎；决定了珠海港与临港产业互相促进、协调发展的内在要求。港口是带动区域经济发展的核心战略资源，港口经济可能成为区域经济发展的重要增长极。珠海具有发展临港产业集群的优越条件，装备制造业、电力及化工等临港支柱产业已经初具规模，并有良好的发展前景。但是，目前珠海的产业集群正在形成之中，需要明确的定位和产业引导，要依据国家、广东省及珠海市的产业规划、产业政策，结合港口自身优势，发展具有创新性和自身特点的临港产业集群，不断壮大和完善产业链。需要政府加快推动基础设施建设、优化政务环境，为临港产业集群发展创造良好的外部环境，进而刺激港口需求，不断形成港口与临港产业的良性互动。

3. 将促进珠海物流产业的发展

作为国际物流链最重要的环节，港口是全球物流网络的核心枢纽，对推动现代物流发展具有不可替代的作用。《珠海市现代服务业功能区发展规划（2011—2020年）》中明确提出，充分利用珠三角产业一体化发展和高栏港、广珠铁路、港珠澳大桥等一批重大交通基础设施加快建设带来的良好机遇，依托珠海及珠江西岸日益巩固的产业基础，激发海港和机场优势，将珠海建设成为粤港澳物流合作示范区、珠江口西岸物流枢纽中心。其中，要充分利用高栏港经济区“建设全国沿海主枢纽港，打造广东化工产业基地”的重大机遇，依托广珠铁路加强高栏港在珠江西岸和粤西的地位及运力，贯彻珠海“蓝色珠海、科学崛起”的发展战略，按照“建设大港口、发展大工业、带动大物流、实现大跨越”的总体发展思路，为珠海及珠江西岸地区提供集装箱中转、拆装箱、联运以及化工产品的运输、储存及其他物流服务，建设成为集装箱干线港区和华南物流中心。发展、完善临港物流服务区，使珠海港成为连接国际国内两大物流网络的关键节点，以及珠海市拓展物流服务功能、完善物流产业链的重要平台。

三、珠海港抓住战略机遇的对策建议

1. 抓住“21世纪海上丝绸之路”战略发展机遇，扩大对外合作

“21世纪海上丝绸之路”是中国扩大对外开放的战略构想，所涉及的国家众多，尤其是与亚洲的联系更加紧密。珠海港位于南海国际海运要冲，地理位置优越，交通便利，港口格局良好。目前，珠海港已开通国际航线28条（内支线10条），主要通往中国香港、越南、日本、中国澳门等地区和国家，对外合作的广度和深度远远不够。珠海港应抓住“21世纪海上丝绸之路”战略带来的发展机遇，积极打造第三代国际港口，在政府的主导下，以与瓜达尔港合作为切入点，扩大对外合作，面向海外市场，通过开辟新的国际航线，以及开展基础设施互联互通建设，推进珠海港与新海上丝绸之路沿线港口结成合作联盟，大力发展国际货物中转、采购、配送、转口贸易等国际物流业务，使珠海港发展成为对接中巴经济走廊及南亚、西亚市场，沟通国际航运市场的区域性国际物流中心。

2. 以《珠江—西江经济带发展规划》为契机，强化西江港口联盟的作用

《珠江—西江经济带发展规划》提出了“内河港口布局和功能进一步完善，交通基础设施支撑保障能力明显提升，以珠江—西江干线航道为核心的综合交通运输体系基本形成”的发展目标。珠海虽不在规划范围之内，但从地理位置上看，珠海处于西江经济带，且海域面积大、海岸线长，珠江八大出海口中，珠海就占了四个，具有独特的海洋资源禀赋优势。而且高栏港是西江—珠江航道里最重要的港口之一，是两江经济带的重要节点。它既承接珠海自身和粤西、粤中地区的外贸货物的运输需求，也承接西江上游流域的西南各省的外贸货物需求。2014 年，西江流域货物吞吐量 1965 万吨，同比增长 31.9%。

《珠江—西江经济带发展规划》提出另一发展目标是“与港澳、东盟合作深化拓展，全方位、宽领域的开放合作迈上新台阶，开放型经济水平显著提高”。而珠海与港澳的联系非常紧密，因此，从区域经济发展的角度来看，珠海市经济发展及珠海港口经济发展都与西江上游地区经济发展密切相关，两个市场的衔接，会给珠海的港口物流带来很大的发展空间。

按照《推动共建丝绸之路经济带和 21 世纪海上丝绸之路的愿景与行动》，广西未来将成为 21 世纪海上丝绸之路与丝绸之路经济带有机衔接的重要门户。目前，珠海港正全力推动“西江战略”，推动粤港澳与西江沿岸地区的资本、产业、航运合作，通过江海联运进一步加大与广西等地的水上运输合作，将珠海港发展成为广东辐射西江、西南地区的重要出海门户，这也将为珠海与丝绸之路经济带的衔接提供有力的抓手。

珠海港最大的优势就在于既连接西江又靠近国际航道，具备大型集装箱和大宗散货船舶靠泊的优越条件，能够很好地满足未来船舶大型化的要求。珠海港应强化西江港口联盟的作用，加强与西江流域沿江港口之间的合作，可在共建港口设施、港口物流系统、信息平台、航线等方面开展合作，打造出一条运量大、成本低的西江“黄金水道”，这对开发西江流域的物流资源、降低物流成本，实现与港澳对接，形成区域经济的战略合作，具有举足轻重的意义。珠海港也可借此形成自己的喂给港，完善水运集疏运网络，扩大吞吐量。

3. 加快临港物流园区规划编制及建设，大力发展港口物流业

当前港口经济的竞争，在很大程度上取决于现代物流尤其是物流链的竞争。珠海港应加快临港物流园区的总体规划与建设，以推动申报高栏港综合保税区为重点，推进煤炭、钢材及加工、液体化工品和建筑材料等实体物流园和珠海南方能源化工品（现货）交易市场的总体规划和建设工作，加快构建全港“5+1”现代临港物流体系。统筹珠海港临港物流园区与港口规划，明确园区发展定位与方向。临港物流园区规划在发展定位方面，应充分考虑珠海港的经济发展、产业升级、集疏运物流体系建设，以及服务国家、广东省、珠海市发展战略的要求。结合珠海港主要货种需求、港口条件，统筹功能板块布局，并制定园区建设发展的保障措施。

大力发展交通运输、仓储、配送、信息、商贸、包装加工等现代综合物流服务，提供快速、可靠、灵活的综合物流经营服务，实现立体转换，拓展港口的综合功能，吸引各地货物、大型物流企业、港口企业、流通贸易企业、大型航运等企业进驻，构建综合交通运输枢纽和货物集散地，为物流业发展提供可靠的保障。

4. 积极拓展珠海港口的经济腹地，推进建设内陆港

随着港口之间的竞争加剧，经济腹地和货源成为制约港口发展的重要因素之一。近年来，在内陆地区建立“无水港”，已逐步成为沿海港口占领内陆腹地货源的重要手段，上海港、天津港等纷纷开始布局内陆港建设。珠海港要想在“海上丝绸之路”战略机遇中得到更大发展，也应把发展内陆港作为拓展经济腹地、开拓物流业务、确保集装箱运输量持续增长，打造枢纽港的一项重要举措。

2015 年 8 月，珠海市人民政府与黔南州人民政府签订“共建 21 世纪海上丝绸之路贵广—南亚国际物流大通道战略合作协议”，要共建贵州国际陆港、广货北上暨北货南下西南大市场、西南国际采购展示交易中心、国际物流西南分拨中心等重大项目，牵头整合贵广高速公路、贵广高速铁路、黔桂铁路、红水河的沿线运能，合作构建贵广物流大通道（包括信息平台整合）。将珠海港口的功能整体前移，在黔南实现就地办单、海铁联运、无缝对接，全面提高西南地区进出口货物的出海通关效率，降低物流、报关等成本，实现西南珠海通关一体化。今后，珠海港还应给予各内陆港更多的技术、资金、信息等多方面的支持，使内陆港真正能开展港口特有的专业化服务，真正体现内陆港作为海港在内陆地区功能的延伸，充分实现内陆港的价值。

5. 积极扶持港口发展高附加值的现代服务业

与国际先进港口相比，珠海港的高端服务业发展明显滞后，大大制约了港口服务水平的提升。珠海港应以政府为主导，积极推进港口的服务创新，大力发展现代航运服务业务，积极推进区域性国际化航运中心建设。充分发挥高栏港综合保税区、横琴自由贸易试验区政策优势，依托运输业大力发展港航信息、贸易、金融、保险、咨询等现代服务业务。提升港口信息化水平，构建融合航运、物流、商务、金融、咨询、中介等的公共信息平台，实现网络式交互，拓展港口的服务范围，提升服务的附加值。

四、结语

珠海高栏港、万山港是华南地区自然条件不可多得的深水大港之一，近年来航道及码头建设、航线开辟、多式联运等方面都取得较大的进展，港口规模不断扩大，货物吞吐量不断攀升。随着“21 世纪海上丝绸之路”建设的推进，地处珠三角、毗邻港澳的珠海，也会迎来全新的开放空间的机遇。珠海要利用好这个机会，在区域发展战略、发展规划、重大平台建设等方面主动与海上丝绸之路建设战略对接，进一步拓展珠海港腹地范围，提升港口发展质量，扩大港口对区域经济发展的影响力和辐射力，在“21 世纪海上丝绸之路”建设中占据一席之地。

参考文献

[1] 钱伟．“一带一路”倡议下珠海的机遇和优势［J］．珠海特区报，2015－06－21.

[2] 梁金枝．加快发展莆田港口的对策建议［J］．中国集体经济，2009－04－25.

[3] 张泽娟．珠海港口发展战略［D］．广东工业大学硕士论文，2013－04－18.

[4] 王凤山，冀春贤，苏芊芊．建设海洋经济背景下宁波港与内陆港联动发展的思考［J］．浙江万里学院学报，2014－11－15.

（作者燕珍为北京师范大学珠海分校物流学院副院长、副教授）

“一带一路”背景下珠海港发展海铁联运的影响因素研究

——基于因子分析法的实证研究

秦　雯

一、引言

在国家“一带一路”倡议背景下，2015 年 6 月 3 日，广东省率先全国出台了《广东省参与建设“一带一路”的实施方案》，其中，珠海市在 21 世纪海上丝绸之路建设中已抢占先机。珠海已与巴基斯坦瓜达尔市签署了《加强友好交流与合作的备忘录》，与贵州省黔南州合作建设贯通国家大西南区的贵州国际陆港，重点将珠海港建设成为海上通道重要支点。

海铁联运是珠海港集疏运的重要方式之一，发展海铁联运将有助于节约物流成本、拓展珠海港的经济腹地，从而直接影响珠海港的吞吐量和珠海市经济发展。2013 年珠海港的吞吐量首次突破 1 亿吨大关，然而海铁联运的吞吐量仅有 110 万吨，仅占集疏运的 1%。国内的一些港口，如大连港海铁联运占 10%。发达国家的港口海铁联运占 20% ~40%。然而，影响海铁联运发展的因素众多，如经济发展、基础设施建设、信息化服务等多方面。我们通过文献梳理和实地访问调研确定指标，基于 SPSS 的因子分析，厘清各指标之间的内在逻辑关系，掌握目前影响海铁联运的关键因素，以便更加准确地进行海铁联运的投资发展，从而推进珠海港在“一带一路”21 世纪海上丝绸之路建设中发挥重要作用。

二、相关文献回顾

迄今为止，国内外对海铁联运的研究已经有了一定的基础。在发展策略研究方面，以定性研究为主，主要针对全国和地方的港口海铁联运存在的问题进行分析，提出发展对策。刘鹏针对基础设施建设、配套政策及交通管理体制改革、海铁联运企业的市场合作机制和经营体制等影响因素进行分析，提出加快我国海铁联运管理体制改革和配套制度建设的发展策略。李国栋通过对福州港的SWOT分析，突出政府加强引导扶持，加强基础设施建设，积极宣传，加大科技投入和加强人才培训等策略。在影响因素研究方面，宗刚提取了11个影响因素，通过构建解释结构模型ISM，挖掘了影响海铁联运的关键因素。范小晶运用系统动力学及建模软件VENSIM，对福建省湄州湾港进行仿真验证并提出相关建议。已有的关于海铁联运的相关研究，多基于我国或者某港口存在的问题，围绕海铁联运的影响因素提出发展策略。但是针对影响因素之间的大小，现有的研究还非常缺乏。本文在文献分析的基础上，通过实地走访调研珠海市港口局、珠海市港口协会、广珠铁路物流开发有限公司、广珠铁路物流开发有限公司、珠海市港务有限公司、神华粤电珠海港煤炭码头有限责任公司、珠海港鑫和码头有限公司、珠海秦发港务有限公司等海铁联运相关的关键企业，构建珠海港发展海铁联运的影响因素指标体系，运用SPSS进行因子分析，挖掘关键因素，为珠海港海铁联运的投资发展提供了理论依据，为“一带一路”倡议的全面实施提供有力保障。

三、因子分析模型说明

因子分析（Factor Analysis）是具有适用范围广、客观程度较好、应用难度低、广泛性高的优点，其对数据的精确度要求较高，是将存在一定程度相似性的指标进行整合，最终将若干个小指标糅合成几个大的因子变量即公共因子进行评价分析。公共因子的个数远远少于原始变量的个数，因而公共因子的研究和分析能大大减少工作量，而且对于单纯凭借主观感受选择几个有代表性的因子来评价，因子变量是依据原始变量的信息进行重新构建，而不是对原变量进行取舍，这样可以公平、客观、科学地反映原有变量的大部分信息；公共因子一般不能表示为原始变量的线性组合，不同的因子体现原始变量之间的不同影响关系，从未形成不同的作用过程，因子分析能够使我们从众多的影响因素中找到几个主要的因素，以便利用大量的统计数据进行有效的定量分析，使我们对事物的发展规律产生一定的启发，从而将研究向更深层次发展。因子分析法能够在保证数据信息丢失最少的情况下，对高维空间变量进行科学合理的降维处理。

它是用较少个数的公共因子的线性函数和特定因子之和来表达原来观测的每个变量，从研究相关矩阵内部的依赖关系出发，把一些具有错综复杂的变量归纳为少数几个综合因子的一种多变量统计分析方法。当这几个公共因子（或综合因子）的累计方差和（贡献率）达到85%或95%以上时，就说明这几个公共因子集中反映了研究问题的大部分信息，而彼此之间又不相关，信息不重叠。

因子分析的一般模型为：

$$\begin{cases} X_1 = a_{11}f_1 + a_{12}f_2 + \cdots + a_{1m}f_m + e_1 \\ X_2 = a_{22}f_2 + a_{22}f_2 + \cdots + a_{2m}f_m + e_2 \\ \cdots\cdots \\ X_3 = a_{11}f_1 + a_{12}f_2 + \cdots + a_{1m}f_m + e_k \end{cases}$$

模型中，f_1，f_2，…，f_m 叫作主因子或公共因子，它们是在各个原观测变量的表达式中都共同出现的因子，是相互独立的不可观测的理论变量。e_1，e_2，…，e_k 叫作特殊因子，是向量 X 的分量 X_i（$i=1$，2，…，k）所特有的因子，特殊因子表示该变量中不能被公共因子解释的部分，实际上就是实测变量与估计值之间的残差。各个特殊因子之间以及特殊因子与公共因子之间是相互独立的。一般而言，通过初级变换得到的因子载荷差异不大，含义不明显，实用价值不高。为了更清楚地凸显因子实测变量之间的关系，提高公共因子的解释力，通常需要对因子载荷进行旋转处理，使因子载荷值向 0 和 1 两个方向分化。最常用的旋转方法是最大方差旋转法（Varimax）。运用该模型对珠海港发展海铁联运的诸多因子进行具体分析。

四、实证研究

1. 指标选取与获取数据

影响珠海港发展海铁联运的影响因素众多，各种因素间相互作用，共同影响珠海港海铁联运的发展。基于珠海港海铁联运的特点，如何建立影响珠海港海铁联运发展的指标体系非常重要。本文遵循指标体系的全面性、有针对性、关联性以及可取性等原则下，探求数据的可靠性、权威性和实用性，结合实地访问调研的结果，选取了11个珠海港发展海铁联运指标，如表1所示。

表1 珠海港发展海铁联运的影响因素一览表

编号	指标	含义
X1	港口城市GDP	GDP是国民经济核算的核心指标，也是衡量一个地区总体经济状况重要指标。港口城市的GDP影响货物运输量
X2	外贸进出口总额	进出口总额指实际进出国境的货物总金额。外贸进出口总额直接和经济发展水平相关，经济高速发展导致外贸进出口总额增加，从而提高了吞吐量，促进了海铁联运的发展
X3	铁路吞吐量	铁路吞吐量的多少是海铁联运运量增长的保障
X4	港口吞吐量	港口吞吐量的多少是海铁联运运量增长的保障
X5	港口吞吐能力	是指一定时期内为船舶装卸货物所能达到的最大数量，是发展海铁联运的制约因素
X6	全港建设投资	珠海港全部用于建设的投资，是海铁联运的基础
X7	货物通过能力	包括行业作业系统、装卸作业系统、存储分运作业系统、集疏运系统和信息与商务系统的通过能力，任何一个作业系统发生“瓶颈”，均会影响海铁联运的发展
X8	铁路投资	用于铁路主干线路和疏港线路的资金投入，是海铁联运的基础硬件
X9	政府补贴	政府的补贴有利于吸引货源，提高海铁联运的运量
X10	铁路运费	铁路运费是选择货运方式的关键影响因素，较低的运费可以吸引公路运输转移到铁路运输
X11	信息化建设	通过计算机技术、网络技术和通信技术，提高信息化服务质量，从而提高海铁联运的竞争力

根据以上各指标选取相关数据，数据来源于2010—2014年《珠海市港口公报》、《珠海统计年鉴》和实地调研数据。

表2 2010—2014年珠海港发展海铁联运影响因素相关指标

年份	2010	2011	2012	2013	2014
X1（亿元）	1202.58	1403.24	1503.81	1662.38	1857.32
X2（亿元）	434.80	516.39	456.69	541.69	549.98
X3（万吨）	0.00	0.00	0.00	109.73	300.00
X4（万吨）	6056.27	7169.97	7745.44	10024.00	10693.00
X5（小时/万吨）	0.70	0.95	1.18	1.49	1.51
X6（亿元）	34.10	37.00	41.00	49.47	16.88
X7（万吨）	5775.00	5925.00	11663.00	14963.00	15213.00
X8（亿元）	0.00	36.00	55.00	30.00	15.00
X9（亿元）	5.10	4.50	4.20	3.77	0.41
X10（元/吨·公里）	0.00	0.00	0.00	7.21	5.51
X11（万元）	1000.00	2100.00	3500.00	5100.00	7800.00

2. 数据标准化处理

本文采用min－max标准化的方法，假设这11个指标的最大值和最小值为max $\{X_{ij}\}$ 和min $\{X_{ij}\}$，通过标准化后的结果在［0，1］之间，其标准化公式为：

$$X_{ij}=\frac{X_{ij}-\min\{X_{ij}\}}{\max_i\{X_{ij}\}-\min_i\{X_{ij}\}}$$

经过标准化方法计算出的新数据，最大值为1，最小值为0，其余数值在0和1之间，得到表3。

表3 2010—2014年珠海港发展海铁联运因子分析数据

年份	2010	2011	2012	2013	2014
X1	0.000	0.306	0.460	0.702	1.000
X2	0.000	0.708	0.190	0.928	1.000
X3	0.000	0.000	0.000	0.366	1.000
X4	0.000	0.240	0.364	0.856	1.000
X5	0.736	1.000	0.000	0.000	0.000

续表

年份	2010	2011	2012	2013	2014
X6	0. 528	0. 617	0. 740	1. 000	0. 000
X7	0. 000	0. 016	0. 624	0. 974	0. 000
X8	0. 000	0. 800	1. 000	0. 889	0. 333
X9	0. 000	0. 000	0. 000	0. 000	1. 000
X10	0. 000	0. 000	0. 000	1. 000	0. 960
X11	0. 000	0. 111	0. 333	0. 611	1. 000

3. 因子分析必要性检验

求得指标体系的相关系数矩阵，如表 4 所示。各指标间存在较大的相关性，因此，说明变量间有进行分子分析的必要性。

表 4　各指标间的相关系数矩阵

	X1	X2	X3	X4	X5	X6
X1	1. 000	0. 681	0. 464	0. 058	-0. 525	-0. 591
X2	0. 681	1. 000	0. 170	0. 668	0. 186	0. 062
X3	0. 464	0. 170	1. 000	0. 296	-0. 752	-0. 832
X4	0. 058	0. 668	0. 296	1. 000	0. 392	0. 254
X5	-0. 525	0. 186	-0. 752	0. 392	1. 000	0. 989
X6	-0. 591	0. 062	-0. 832	0. 254	0. 989	1. 000
X7	-0. 989	-0. 581	-0. 413	0. 092	0. 578	0. 622
X8	-0. 161	-0. 149	-0. 914	-0. 559	0. 456	0. 553
X9	-0. 622	-0. 025	-0. 883	0. 143	0. 965	0. 994
X10	-0. 242	0. 424	0. 196	0. 953	0. 496	0. 381
X11	0. 420	-0. 042	0. 965	0. 043	-0. 882	-0. 926

	X7	X8	X9	X10	X11	
X1	-0. 989	-0. 161	-0. 622	-0. 242	0. 420	
X2	-0. 581	-0. 149	-0. 025	0. 424	-0. 042	
X3	-0. 413	-0. 914	-0. 883	0. 196	0. 965	
X4	0. 092	-0. 559	0. 143	0. 953	0. 043	
X5	0. 578	0. 456	0. 965	0. 496	-0. 882	
X6	0. 622	0. 553	0. 994	0. 381	-0. 926	

续表

X7	1.000	0.071	0.637	0.385	-0.406	
X8	0.071	1.000	0.625	-0.540	-0.821	
X9	0.637	0.625	1.000	0.282	-0.949	
X10	0.385	-0.540	0.282	1.000	-0.033	
X11	-0.406	-0.821	-0.949	-0.033	1.000	

4. 公共因子分析

计算 11 个因子的总方差结果见表 5。从表 5 可见，符合条件的特征值有 3 个，累积方差贡献率达 94.469%，涵盖了大部分变量信息。所以，选前三个因子作为公共因子。

表 5　总方差解释表

公共因子	初始特征值			提取平方和载入			旋转平方和载入		
	合计	方差的%	累积%	合计	方差的%	累积%	合计	方差的%	累积%
1	7.185	61.704	61.704	7.185	61.704	61.704	6.076	52.185	52.185
2	2.552	21.918	83.622	2.552	21.918	83.622	2.537	21.789	73.974
3	1.263	10.847	94.469	1.263	10.847	94.469	2.386	20.495	94.469
4	0.524	4.500	98.970						
5	0.120	1.031	100.000						
6	0.000	0.000	100.000						
7	0.000	0.000	100.000						
8	0.000	0.000	100.000						
9	0.000	0.000	100.000						
10	0.000	0.000	100.000						
11	0.000	0.000	100.000						

对初始因子的载荷矩阵进行方差旋转处理，如表 6 所示，能够使公共因子的解释和命名更加容易，通过结合旋转因子载荷矩阵中抽取的因子和港口物流影响因素的调研结果，对 3 个公共因子命名，第一个公共因子上载荷较大的有 4 个变量，分别是港口吞吐能力、全港建设投资、铁路投资

和政府补贴，将公共因子 F1 定义为与基础投入有关的因素，即基础投资因子。第二个公共因子上载荷较大的有 2 个指标：港口吞吐量和铁路运费，将公共因子 F2 定义为与价格有关的因素，即价格因子。第三个公共因子上载荷较大的有 3 个指标：港口城市 GDP、外贸进出口总额和信息化建设，将第三个公共因子 F3 定义为发展潜力因子。

表 6 旋转成分矩阵

指标	成分		
	1	2	3
X1	-0.613	-0.143	0.777
X2	-0.092	0.420	0.903
X3	-0.951	0.194	0.240
X4	-0.076	0.974	0.214
X5	0.935	0.258	-0.242
X6	0.943	0.171	-0.286
X7	0.602	0.250	-0.759
X8	0.887	-0.456	-0.076
X9	0.945	0.104	-0.309
X10	0.104	0.987	-0.124
X11	-0.982	0.054	0.881

5. 计算因子得分

根据表 3 和表 6，计算出各公共因子的得分

$$F1=(-0.613)X1+(-0.092)X2+(-0.951)X3+(-0.076)X4+0.935X5+0.943X6+0.602X7+0.887X8+0.945X9+0.104X10+(-0.982)X11$$

$$F2=(-0.143)X1+0.420X2+0.194X3+0.974X4+0.258X5+0.171X6+0.250X7+(-0.456)X8+0.104X9+0.987X10+0.054X11$$

$$F3=0.777X1+0.903X2+0.240X3+0.214X4+(-0.242)X5+(-0.286)X6+(-0.759)X7+(-0.076)X8+(-0.309)X9+(-0.124)X10+0.881X11$$

表 7　2010—2014 年因子得分表

年份	F1	F2	F3
2010	1. 444	0. 195	-0. 460
2011	1. 855	0. 478	0. 490
2012	2. 590	0. 452	-0. 222
2013	2. 186	2. 705	0. 539
2014	1. 862	2. 567	1. 908

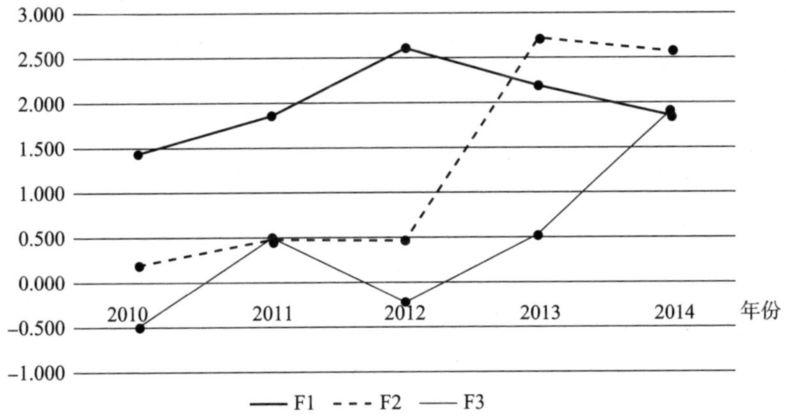

图 1　2010—2014 年因子得分折线图

五、结论与展望

运用因子分析法，通过 SPSS 的数据处理结果，探索影响珠海港发展海铁联运的重要影响因素如下：

（1）2010 年至 2013 年属于珠海海铁联运发展的起步期，港口吞吐能力、全港建设投资、铁路投资和政府补贴为影响珠海港发展海铁联运的主要因素。说明海铁联运起步期基础建设对于日后的运量和进出效率影响较大，所以前期基础投资是主要影响因素，但在 2012 年后影响程度逐步减弱。

（2）2012 年后，港口吞吐量和铁路运费成为影响珠海港发展海铁联运的主要因素，在基础设施完善的基础上，港口吞吐量的提高、铁路运费的合理制定成为吸引货源、拓展经济腹地、发展海铁联运的主要影响因素。

（3）2012 年至未来一段时间，珠海的 GDP、外贸进出口总额和信息化建设等成为影响珠海港海铁联运发展的主要因素。珠海要抓住各种机会，如建设先进装备制造业基地、与巴基斯坦瓜达尔港合作，与贵州黔南州国际陆港合作等项目。因此，逐步提高珠海的 GDP 和外贸进出口总额，重点发展珠海港的信息化建设等软实力，是珠海港未来长期可持续发展的主要影响因素。

（作者秦雯为广东科技职业技术学院专业主任、副教授）

附录一

“一带一路”与我国国际物流新战略
学术研讨会专家发言摘录

蔡进发言（蔡进为中国物流与采购联合会副会长）

尊敬的各位嘉宾、老师们、同学们，非常高兴参加今天的学术研讨会，非常诚惶诚恐，因为很少在学校里站在讲台上发言。我没有更多的准备，“一带一路”我本身接触的也不是很多，在这里只谈一些粗浅的认识。好在最近一段时间，中财办找我们讨论基于“一带一路”倡议下的国家供应链发展问题，参加过两次这种会议，借此机会，结合今天的主题谈谈我个人的想法。

首先是怎么看待“一带一路”，从哪些方面把握“一带一路”倡议。

现在“一带一路”概念很热，企业也炒，学术界讨论也非常热烈，但是不能把这个东西搞偏了，应该站在一个国家战略的角度去把握它。

“一带一路”倡议是中国的一个全球化战略，应该说是中国从明清以来的第一个大战略。大家细想一想，由中国推动全球化的这种事情应该说是明清以来没有过，这是第一个，应该看到，提出这种战略，说明中国社会经济的发展已经具有了一定实力，具有了一定的基础，因为没有一定的底气是提不出这种国家战略的。从这个角度来讲，我们要把这个战略的地位看得更高一些。

从全球化概念上来讲，我个人觉得从近代史以来或者从近代化以来，西方的工业革命以后，真正走出国内并做成了全球化的国家只有两个，一个是“一战”以前的日不落帝国——英国，一个是“二战”以后并至今为世界老大的美国，当然，在“一战”和“二战”之间还有一个国家就是德国，它也想全球化，但是失败了。“一战”以前的英国和“二战”以后的美国，他们走全球化道路和我们国家今天走的全球化道路有诸多不同。

从英国来看，它当时走的全球化是实现所谓贸易全球化，包括跟中国做鸦片贸易，因为那时候谁得到了资源，谁就能够得到这个世界的财富，资源就是财富，那时候整个世界是一个极其贫穷的世界，它的贸易全球化，其目的是掠夺全球资源，英国的全球化目标就是做这个事情。

“二战”以后的美国，开启了它的全球化道路。实际上美国走全球化道路提得很早，美国提出全球化战略思维是在1823年，当时提出所谓门罗主义，但真正实施是在“二战”以后。这里顺便说一句，“一带一路”不是一朝一夕的事情，千万不能急功近利，需要一个长期积累的过程。美国真正走全球化道路是在“二战”以后，因为此时他有了这个实力，它用资本去控制全球的资源、全球的市场，它跟英国人的贸易全球化不一样，它的目标是资本全球化。

我国走什么样的全球化道路？我觉得我们的全球化道路跟当时英国的背景和美国“二战”后特别是40年代末、50年代的背景不一样，我们要走的是一条利益全球化共享道路，我们不去掠夺别国，不去侵占别国，而是要“利益共享，互利共赢”，我们的目标是让全球共享全球的资源，让全球去共享全球的利益。我觉得这是我们走全球化道路的最根本的不同之处。所以，与其说中国在走全球化，还不如说是通过中国来推动全世界各个国家共同参与全球化的过程，我们只是推动，是全世界各个国家的全球化进程，总之，这是需要深刻把握的一点。

如果把我们的全球化仅定位在中国的利益上去考虑，这就狭隘了，就难免与英国和美国那样走全球化道路时走出一大堆问题，在这方面，无论是我们做研究的还是企业家做实践的，一定要把握好，即利益全球化问题。目前中国所推的全球化不仅仅是中国的全球化，是全世界各国的全球化。这是我个人的一个理解。

我们在推动全球化的过程中，因为背景、环境不一样，目标不一样，所以，我们实现全球化的途径也就不一样。英国实现全球化的途径很明显就是炮舰主义，用殖民的方法直接掠夺，通过占有殖民地掠夺殖民国的资源来实现。美国在“二战”以后，在世界范围内形成“冷战”，这种“冷战”的核心目标就是要争世界霸权。所以，美国走的全球化道路，是一条世界霸权主义道路，英国人走的是一条殖民主义道路。

目前，世界的思想潮流已经发生了根本变化，也就是从 20 世纪的“冷战”思维已经变成了一种按照习近平总书记的话叫作要建立人类命运共同体的基本思维潮流。实际上不仅仅中国是这样考虑的，现今美国人也在考虑要走这样一条道路。

正因为整个世界的思维在变化，摒弃掉“冷战”思维中的那种霸权主义，包括早期的那种殖民主义，从而坚定走“包容、开放、共享”构建人类命运共同体的道路，这是符合世界未来的大趋势的，是我们要坚持的。如果说美国人、英国人走的是“霸道”，那么中国要走的全球化道路则是“王道”。

把握全球化进程还需要把握中国在推动全球化进程所处的世界环境和潮流。世界是一个什么样的环境，这里我还是从经济领域分析，当然，政治的、军事的方面也很重要。

从经济领域来看，我们所面临的全球化环境和英国、美国当时面临的全球化环境完全不一样，英国全球化时世界还处在一个极端贫瘠的阶段，美国全球化时世界处在一个短缺经济阶段，而且是什么都短缺，所以它们的资本输出去哪里都要，跟宝贝似的，中国当前面临的是全球过剩时代，什么都过剩。

还有一个环境就是科技创新正处在一个平台期，也就是科技创新给人类社会或者全球经济发展提供的空间有限，尽管科技创新不能说是处在一个停滞期，至少是处在一个要升级而没有达到升级的格局。正因为如此，在科技创新处在平台期的状况下，资本的正向输出空间受到极大限制。过去英国、美国，不管它采取殖民主义道路还是霸权主义道路，它背后的最大支撑力量是科学技术，它把它的科学技术变成了国家的综合实力，包括军事的、外交的、经济的实力，中国现在没有这种环境，别说中国的科技创新和世界发达国家的科技创新有差距，就是整个世界的科技创新也处在平台期。

资本的横向输出，就像美国在“二战”以后，它的资本走到哪里都畅通无阻。那个时候，整个世界是一个极为短缺的年代，战争才过，百废待兴，特别是欧洲，它有很大的横向输出空间。当然，当时它没法输出到中国，因为和中国的制度不一样，也没法输出到当时的苏联，这是体制加

“冷战”的结果，但除了一部分社会主义国家以外，它在其他的国家都有输出。

中国现在不一样，科技创新处在一个平台期，整个世界又处在过剩年代，我们成立亚洲投资开发银行也是想通过资本来形成互利共享平台，但现在比那时复杂得多，且仅以此不足以推动我们的全球化，为此，我们还必须想其他的办法。

现在看来，我们恐怕只有走一条路，即我们现在最大的优势——市场。过剩期或者全球经济过剩的格局下，市场为王。现在不仅仅是中国，美国人也看到了这一点。所以，美国人现在提出它的新一轮全球化，叫全球区域化。实际上也是一种全球化，它把世界分而治之，最近它跟亚太24个国家签订TPP，这是在整合市场，它通过TPP整合亚太市场，同时也把美国本土的市场部分让给这些国家，以此来推动它的新一轮全球化进程。

谁在过剩的环境下拥有了市场，谁就能主动影响全球化进程。中国有这方面的优势，有庞大的市场，我们有十三四亿人。在做市场整合方面，全世界首选的市场就在中国。从这个角度来讲，我们的全球化道路，其思维不能仅仅限于中国“走出去”，而且还要让全世界方方面面“走进来”。最近有一个转变极大的风向，就是进口贸易激增，我在参加成都一个中国进口展及义乌展会时感觉进口贸易发展颇为迅速，从出口型转为进口型，中国已初步具备了这个条件。所以，我们一直在说中国人不仅仅要为全球制造产品，中国现在有资格、有能力消费全球产品。从这个角度来讲，在全球化进程中一定要把握住时代变迁过程中的不同格局和不同环境，把握住我们推进全球化进程的优势，特别是要努力把握住全球化进程中我们强有力的“抓手”。

以上是我从“一带一路”或者说全球化目标的差异、推动手段以及我们面临的环境、我们所要发挥的优势方面谈了自己的一些粗浅认识。

另外，在全球化进程中，美国人也好、英国人也好，包括中国，有一个是一定要做的事情，就是要建立自己的全球供应链。我们不讲别的，就讲美国，且着重从物流角度讲，美国在“二战”以后，为了推动它的全球化进程，它把它全球的物流资源紧紧把握在自己手里。有专家形象地讲，美国是6把“钥匙”锁全球，它控制了苏伊士运河、巴拿马运河、马六甲海峡、直布罗陀海峡、曼德海峡、霍尔木兹海峡，以此它把整个世界都锁住了，整个世界的物流资源都控制在它的手里面，所以它才能够在掌控外部关键因素下顺利推动它的全球化进程。

中国要推动自己的全球化进程，也必须有一个国家供应链的发展战略和一个较自主的供应链体系来支撑其全球化进程。美国人是每年都做一个国家供应链安全战略，因为它的供应链体系已经建立起来了，它现在要保证的是它的国家供应链的安全。现在对中国来说，既然要“走出去”，就要有一个国家供应链体系去支撑它，所以我们还是在一个建设阶段，要有一个供应链平台，使我们的企业、公司、机构等能够“走得出去”，站得住脚，而且能够创造出价值，也能够使国外的一些机构、国外的一些企业、国外的产品能够安全、有效地进入到中国市场。这个很重要，是必须要做的一件重要事情。

基于我国“一带一路”倡议，我国的国家供应链规划或者基本思路应该包括以下几个方面，在此提出来和大家一起交流讨论：

一是布局。我国的国家供应链战略一定要做好布局，布局是供应链的前提。美国人就是这么做的，刚才讲了，1823 年门罗主义提出来之后，它最核心的理念就是布局，它的局是怎么布的呢？就是强调美洲人的美洲，美洲的各个国家是有主权的，是独立自主的国家，任何一个国家对美洲任何一个国家的侵略，都是侵犯了美国人的利益。所以它的布局讲得很清楚，它的全球化布局的第一步就是把整个美洲纳入自己的势力范围，谁都不能去染指它，谁都不能去碰它一下，这就是它的布局。在“二战”后，它的布局很明显，要资本输出，首先得把全球的战略资源抓在手里面，最为熟悉的就是中东的石油，被它抓在手里面。另外，就是它把西欧以及日本、澳大利亚等国家控制在手里面，这是市场的布局。物流布局是 6 把“钥匙”锁全球，且死死地抓在自己的手里面。我们也需要做好这种全球化的布局，我们对自己的布局很清楚，叫“一带一路”，美国人要“重返亚太”，中国人现在不跟它直接碰，把背朝给你，跟你“打太极”，通过“一带一路”向西走，不跟美国人正面冲突。所以，我觉得我们的布局从市场来讲，一定会有一个欧亚同盟存在，首先是欧洲，然后有南亚，特别是南亚，未来的市场在这里，也就是中国 + 印度 + 东盟，也许还有巴基斯坦，这是未来世界最大的市场，一半市场在这里，所以争得很厉害，近些年日本人在跟中国人争印度市场，争得很厉害。从网上的消息看到，日本用低于1%的利率给印度人提供90亿美元的贷款，目的就是和中国争夺在印度的高铁建设。因此，布局的确很重要。当然，我们说的布局包括市场布局、资源布局、物流布局，至少要有这三个方面，而且布局不是孤立的，是市场、资源和物流的整体安排。当然不仅仅是这些，后面还要有保障措施，它也是非常重要的内容。

二是整合。供应链很重要的内容就是要对全球资源进行整合，包括刚才讲到的市场资源、物流资源等进行整合。整合的目的是什么，不是像英国人、美国人那样，整合完了就掌握在自己手里面。整合的目的是要实现全球化进程中的便利化，把便利化做到极致，这才是整合的目的。通过整合实现贸易的便利化、通关的便利化、检验检疫的便利化等，通过整合来实现全球化中便利化的水平不断提高，这是我们整合的目的。

三是共享。我们的供应链一定是共享的，不是我们一个国家占有的，是不同国家、不同种族等都能共享的供应链，所以我们的供应链不是单向的，那种只是把我国的产能和产量通过供应链输出去的想法是片面的，实际上那样的单向输出也是行不通的，还要通过这个供应链把我们需要的、国外能够支持和提供的产能、产品更好地“引”进来，所以，共享是非常重要的，不能是排他的。

四是共赢。供应链要创造出新的价值，才有共赢的资本，不是简单地把已有的业务、贸易、已有的东西搬到这个供应链上，而是要通过这个供应链和全球各个国家一起创造出新的价值。在创造出新价值的前提下和全球的各个国家一起来共享新的价值。

五是安全可持续。当然有绿色、质量安全的意思，这里我们说的安全主要是供应链的安全。从美国的情况看，它的供应链安全就是要构建它能够主导的全球化供应链治理体系，包括政治体系、经济贸易与金融体系。

“二战”以后，美国牵头成立了联合国，在联合国这个舞台上，当时基本就是美国说了算，它通过联合国这个舞台把全球政治体系主宰在自己手中，并通过它掌控了全球的政治方面的话语权。

美国推动了 WTO，通过 WTO 建立了一个全球的贸易治理体系，这个贸易治理体系也是它说了算，因为绝大多数的规则都是在美国人主导下建立的。

美国通过布雷顿森林会议建立了一个国际货币体系，使美元成为全球唯一一个强势货币，完全控制了全球的金融。现在来看，这三大体系不仅仅影响到了美国，也影响到了整个世界“二战”以后的运转。

在联合国治理体系完善过程中，美国的话语权越来越少，全球的话语权越来越多。后来它又搞了 G7，现在又搞了 G20，我们觉得 G20 很好，有中国人参加，当然 G20 也需要一个发展完善过程。

所以，供应链的安全可持续，就是我们要更多地参与国际治理体系，并发挥重要作用。在做自由贸易协定方面，突破很大，包括跟澳大利亚、韩国等签订自由贸易协定。我个人觉得，美国人的 TPP 也不是不想要中国人参与，它是想要中国人参与贸易与投资，而不想中国人参与制定规则，它的如意算盘是在规则制定好了以后，你得在我的规则下来参与。哪有不愿意要中国这个大市场的。

所以从这个角度来讲，中国推动全球化，应该说是未来一百年的全球必然趋势。中国也一样，要有一个我们发挥重要作用的全球经济贸易治理体系来支撑我们的全球供应链的发展，当然还包括国际货币体系。美元现在还是强势，但是人民币也越来越强，中国政府在推进人民币国际化方面做了不少事情。

中国要有一个发挥重要作用的全球治理体系，说白了就是要有话语权，或者说要有跟中国国际地位相适应的话语权，无论是政治方面，还是贸易方面、金融方面，当然也包括物流方面，只有把这种全球治理体系构建好了，我们这个供应链才是安全可持续的，才能够推动当今的全球化比较高效、有序、共享共赢、安全可持续的发展。

综上所述：从理念上来讲，在“一带一路”倡议和全球化战略下，国家的供应链战略应该是一个“包容、开放、高效、有序、共享共赢、安全可持续”的供应链。这就是我们在未来的“一带一路”倡议下所需要的国家供应链战略。

崔介何发言（崔介何为北京物资学院教授）

各位领导、各位来宾、各位同学，早上好！我准备的题目有三方面内容：第一方面的内容是回顾一下丝绸之路的历史。第二方面的内容是讲一讲现在丝绸之路的基本思想。第三方面的内容是讲一讲关于丝绸之路物流先行。

（一）

2013年9月，习近平主席在哈萨克斯坦发表了《弘扬人民友谊共创美好未来》的重要演讲，在这次演讲中提出共同建设丝绸之路的主要思想。他在演讲中提到，2100多年前，中国汉代的张骞两次出使中亚，开启了中国同中亚各国友好交往的大门，开辟了一条横贯东西、连接欧亚的丝绸之路。千百年来，在这条古老的丝绸之路上，各国人民共同谱写出千古传诵的友好篇章。

丝绸之路灿烂的历史可以追溯到很远，它连接亚洲、非洲、欧洲，是一条古商业贸易路线，它的主要作用是运输中国古代出产的丝绸，因此有了丝绸之路之说，广义的丝绸之路有两个概念，一个是陆上丝绸之路，另一个是海上丝绸之路。

19世纪70年代，德国的地理学家李希霍芬提出了丝绸之路思想和这个讲法。在他的著作《中国，亲身旅行的成果和以之为根据的研究》（1877—1912）一书中，把公元前114年至公元127年近两个半世纪开辟的，经西域将中国与中亚的阿姆河—锡尔河地区以及印度连接起来的丝绸贸易道路命名为丝绸之路。

海上丝绸之路主要指中国古代与世界其他地区建立起的一个海上交流走廊，它实际上是从中国广州、泉州、杭州、扬州等沿海城市出发，从南洋到阿拉伯海甚至远达非洲东海岸的海上丝绸贸易之路。

我们经常讲的丝绸之路，多半讲的是张骞进西域。但在更早以前，昆仑山的和田玉就是通过西域到内地，并向东经甘肃、宁夏、陕西、河南传入中原地区，同时向西经乌兹别克斯坦、西亚等传到地中海沿岸国家，所以我们把这条“玉石之路”称为“丝绸之路”的前身，也叫前史。《周王西行图》，这是非常好的一个有关丝绸之路历史文献，它是汉代的画像石。刻画了一个流传千年的传说——周穆王会见西王母。根据《穆天子传》记载，周穆王驾八骏马车西行抵达西王母之邦。穆天子西游时与沿途各民族进行频繁的物资交流，如：珠泽人“献白玉石，食马三百、牛羊两千”，穆天子赐“黄金环三五，朱带贝饰三十，工布之四”等，这反映了在西汉前就与西亚有了重要的交往。

丝绸之路的开通，主要是因为西汉初期，联络东西方的道路被匈奴所阻。最早丝绸之路的建设并非为了中亚地区抗击匈奴，司马迁称张骞此行为“凿空”，也就是张骞开通了西域的道路。公元前 139 年，张骞带一队人马 100 多人从长安出发，先后抵达了大宛国、大月氏、大夏等国家，需要说明的是，在他西域西行的过程中，曾经被匈奴扣押长达十年之久，后逃脱继续西行。在大夏市场上，他看到大秦国的海西布、大月氏的毛毡、西汉蜀郡的邓竹杖和蜀布等。公元前 126 年，张骞几经周折返回长安。公元前 119 年，张骞时任中郎将，又第二次出使西域，经过四年的时间，先后到达了乌孙国、大宛、康居、大月氏、大夏、安息、身毒等国。在汉宣帝神爵二年，设立了汉朝对西域的直接管辖机构——西域都护府。这些历史都说明在汉朝的时候，丝绸之路的建设为中国中原地区与西亚地区以及更远的欧洲地区建立了贸易联系。

在西汉末年，丝绸之路中断。公元 73 年，班超奉命出使西域。公元 97 年，班超派副使甘英出使大秦国。公元 166 年，古罗马大秦王安敦派特使来到洛阳，朝见汉桓帝，标志着中西方文化交流的新开始。

到唐代，丝绸之路发展到了一个新的历史时期。唐代疆域东起朝鲜海滨，西至达昌水（阿姆河），经济文化发展水平居世界前列。在陆上，大漠南北与西域各国均通过丝绸之路与唐朝交往，大食国、东罗马帝国也不断派使节来到长安与中国沟通。在海上，中国船舶可以到达东南亚、天竺，直至大食，甚至到达欧洲各国。

13 世纪，蒙古人建立了跨越欧亚的蒙古帝国。元朝的时候，由于广设驿站，丝绸之路进入了更加畅通和繁荣的时期。在欧亚广大的地域范围内，国际商队长途贩运活动再度兴盛起来。元朝时期中外的一些著作，比如《马可·波罗游记》《通商指南》《卢布鲁克东行记》等都大量记载了当时丝绸之路的一些贸易情况。《通商指南》里面描述到，“汗八里都城商务最盛，各国商贾辐辏于此，百货云集”。通过上面这些可以看到丝绸之路在唐朝以后发展到了鼎盛阶段。

海上丝绸之路主要发展于三国至隋朝时期，繁荣于唐宋时期，转变于明清时期，明清以后海上丝绸之路进入衰落期。海上丝绸之路在唐代，由于我们造船、航海技术的领先，我国通往东南亚、马六甲海峡、印度洋、红海以及非洲大陆的航路纷纷开通并延伸。到宋代，造船技术、航海技术明显提高，指南针广泛应用于航海，商船远航的能力大为加强。宋朝与东南亚绝大多数国家保持着友好的、经常的贸易往来。

公元1405年，明朝永乐皇帝派郑和统率的船队下西洋，28年间七下西洋。在这段时间里主要有三种贸易活动，一种是朝贡贸易，这是郑和下西洋贸易活动的基本形式，当然它带有封建宗主国的性质，大家朝贡。第二种是官方贸易，官方贸易是郑和下西洋的主要内容，是双方官方主持下与当地商人进行的贸易活动。第三种是民间贸易，这种贸易一定程度上是在郑和下西洋活动带动下出现的，原来是没有的，它是通过商人和民间自发开展起来的。这三种贸易形式使我们在郑和下西洋以后，和东南亚沿海国家建立了非常广泛的联系。

（二）

丝绸之路经济带是在古丝绸之路基础上形成的一个新的经济发展区域。新丝绸之路经济带东边牵着亚太经济圈，西边系着欧洲经济圈，被认为是“世界上最长、最具有发展潜力的经济大走廊”。21世纪海上丝绸之路是以东盟为重要支点，以点带线，以线带面，串起连通东盟、南亚、西亚、北非、欧洲等各大经济板块的市场链，发展面向南海、太平洋和印度洋的战略合作经济带，以亚欧非经济贸易一体化为发展的长期目标。

2015年2月，为推进“一带一路”建设，“一带一路”工作会议在北京召开，中共中央政治局常委国务院副总理张高丽主持并讲话。2015年3月，为推进实施“一带一路”，中国政府特制定并发布了《推动共建丝绸之路经济带和21世纪海上丝绸之路的愿景与行动》。

“一带一路”沿线沿海国家有44亿人口，占全世界的63%，资本有

21 万亿美元，占全世界的 29%，货物和服务出口约占全世界的 23.9%。实现“一带一路”国家的互联互通，是我们建立“一带一路”的主要口号。互联互通包括构建全方位、多层次、复合型的互联互通网络，实现沿途各国多元、自主、平衡、可持续的发展。

恪守联合国宪章的宗旨和原则，坚持开放合作的原则，坚持和谐包容的原则，坚持市场运作的原则，坚持互利共赢原则，是“一带一路”的共建原则。

丝绸之路经济带重点在于畅通中国经中亚、俄罗斯至欧洲；中国经中亚、西亚至波斯湾、地中海；中国至东南亚、南亚、印度洋。21 世纪海上丝绸之路重点方向是从中国沿海港口过南海到印度洋，延伸到欧洲；从中国沿海港口，过南海到达南太平洋。

（三）

“一带一路”物流先行。2014 年 3 月 29 日，习近平主席来到位于德国西部北威州的杜伊斯堡港参观，在杜伊斯堡港口亲自迎接“渝新欧”铁路列车的到达。渝新欧班列是从重庆作为始发点，经过安康、西安、兰州、乌鲁木齐，通过边境口岸阿拉山口，进入哈萨克斯坦，再转到俄罗斯、白俄罗斯、波兰，至德国的杜伊斯堡，全程 11179 公里。中德位于丝绸之路经济带两端，是亚欧两大经济体和增长极，也是渝新欧铁路的起点和终点。

中国与“一带一路”沿线国家经济贸易合作情况：2015 年 1－8 月，中国企业共对“一带一路”沿线的 48 个国家进行了直接投资，投资额合计 107.3 亿美元，同比增长 48.2%，占中国非金融类对外直接投资 13.9%，投资主要流向是新加坡、哈萨克斯坦、老挝、印度尼西亚、俄罗斯和泰国等。在对外承包工程方面，1－8 月，中国企业在“一带一路”沿线的 60 个国家新承揽的对外承包工程达到 2665 个，新签合同额为 544.4 亿美元，占同期中国对外承包工程新签合同额的 43.5%，同比增长 33%。其中，新签订合同额在 5 千万美元以上的项目有 191 个，累计合同额 463.1 亿美元，主要涉及电力工程建设、房屋建设、交通运输建设等。在服务贸易方面，1－8 月，中国企业与“一带一路”沿线国家签订服务外包合同金额达 93 亿美元，执行金额 64.7 亿美元，同比增长 27.9% 和 10.4%。沿海国家与地区共同建设的物流通道，目前已经建设的有中巴经济走廊、孟中印缅经济走廊、中俄蒙经济走廊。在新疆、福建分别建设了“一带一路”核心区。

刘华芹发言（刘华芹为商务部国际经济贸易合作研究院研究员）

尊敬的各位来宾、老师们、同学们，大家好！首先感谢研讨会主办方对我的邀请，因为我可能是唯一不是物流方面的人员，刚听了几位专家的演讲，很受启发，他们从多个方面讲了很多，我就讲讲他们没有讲到的东西。

“一带一路”倡议提出之后，首先引起积极反响的是国内，陕西说我们是“新起点”，甘肃说我们是“黄金段”，新疆说我们是“桥头堡”，都编制了规划，但是再后来，国家发布的愿景与行动里把这些全略掉了，只保留了两个核心区，一个是新疆作为“一带”的核心区，一个是福建作为“一路”的核心区。但与之形成鲜明对照的是，国际社会一片质疑：俄罗斯学者首先说了，这是中国要划分从太平洋到欧洲的新经济版图；美国人说了，让人民币替代美元具有很强烈的战略野心，新丝绸之路终究会破产。经过一年多的时间，我们经过外交途径，包括智库交流，做出了多方面解释，到 2015 年 6 月，根据外交部统计的数据已经有 60 多个国家同意参与“一带一路”建设。尽管如此，质疑声仍然不断。

2015 年上半年我接到了来自中国台湾的三个团组，台湾政治大学一个副院长直接跟我说，你们这是包山包海的战略，你们能完成吗？新加坡驻华使馆的官员跟我座谈“一带一路”，我跟他解释，这是我们的国际经济合作倡议，他说讲这个没有用，中国现在是世界第二大经济体，无论你提什么倡议，我们都觉得背后有很深的政治意图。2015 年 6 月，《联合早报》一个记者写了一篇文章抨击国内的智库，说“一带一路”倡议提出之后，国内智库的发声如雨后春笋，但是大家说的都是一样的，不断地炒作，没有专家针对“一带一路”沿线 64 个国家的具体情况提出过非常具体的政策建议，这篇文章引起了领导的高度关注并做了批示。所以，2015 年上半年关于“一带一路”的研讨会已经减少了很多。

我刚才说的林林总总这些信息，引起我们一个思考，在中国从区域性大国向全球性大国转变的过程中，我们确实需要像“一带一路”这样涵盖政治、经济、外交、安全多个方面的全球性战略，但我们国家无论从智库的水平还有我国的管理层，离这个战略的要求还有相当的距离，这也就是大国成长过程中面临的困境，“一带一路”实际上总体来说处于一个边设计边思考边推进的“三边工程”状态。

刚才有位专家讲了丝绸之路的历史，实际上以丝绸之路为名义提出的战略，中国不是世界上的第一个。日本在1997年的时候就提出了丝绸之路外交，美国在2005年提出了大东亚计划。为什么全世界这么关注中国历史上形成的“丝绸之路”沿线国家的经济政治状况呢？两个原因：第一，这个地方有重要的战略资源——石油。第二，它独特的地缘政治地位。国际政治学家对欧亚大陆的独特的政治地缘、经济地缘曾给予过非常精彩的描述。第一个是英国著名的地理学家和战略学家麦金德，他写了一本书，叫《历史的地理枢纽》，里面阐述了欧亚大陆是世界的枢纽地带、心脏地带。他告诫英国政府，不要一味地采取海洋战略，要有大陆战略，要积极利用陆权。布热津斯基曾指出，欧亚大陆是最重要的地缘政治目标，地缘政治中轴。我们一直说布热津斯基这句话就像一个咒语一样念在世界各国政治家的头上，所以，各国政治家都趋之若鹜地奔向了欧亚大陆，制定自己的战略。但是更为重要的是，欧亚大陆是全球所有大陆板块里面国家最多、民族最多、宗教信仰最多、文化最多的大陆架。尽管我们国家是欧亚大陆东部的大国，也是丝绸之路的发源国，但是在这之前我们没有注意到自己的这块陆权。战略学家讲，一个国家制定战略，首先要考虑的因素：一是地理位置，二是你的历史。

以前我们的战略未考虑到这些因素，当然跟我们自己的经济发展水平有关系。现在“一带一路”倡议开始考虑这些是时机成熟了。2015年5月，我参加亚信峰会第一届非政府组织论坛的时候，以色列前总理说了一句话，他说，“中国领导人是最具有历史眼光的，他将中国几千年的历史浓缩为丝绸之路，提出了‘一带一路’战略，‘一带一路’战略不只是未来五年、十年，而是着眼于三十年、五十年”。一语点破了我们的战略实质。

2014年12月，中央经济工作会议把重点实施“一带一路”、京津冀协同发展和长江经济带列为我国未来经济发展的三大战略，其中“一带一路”列为三大战略之首。

“一带一路”是习近平主席在国外提出的倡议，它首先是一个国际经济合作倡议，所以我从国际经济合作的角度，来阐释一下提出的背景。这个背景有国际和国内两个层面，在国际层面上我解读两点：第一点，中国与新兴经济体的崛起改变了世界政治经济格局。全球金融危机之后，世界经济格局进入了一个深度调整过程，我们提出设立亚投行之后，美国马上就跟了一个TPP，所以奥巴马说全球经济规则不能由中国来制定。这种竞争已经处于白热化状态，中国是世界第二大经济体、第一大货物贸易进出口国和第三大资本输出国，中国是全球130多个国家的第一或者第二大贸易伙伴。在全球经济秩序的形成过程中，我们怎么维护自身的利益呢？这已经是一个非常迫切的任务。我们要维护自身利益就要求在秩序形成过程中，一定要有话语权，要有话语权就要主动提出自己的倡议，“一带一路”就是我们主动提出的一个国际合作倡议。

第二点，适应全球及区域经济一体化的新趋势。全球金融危机之后，为了摆脱危机，各国在寻找新的出路。发达国家把推进区域经济一体化作为摆脱危机的一个非常重要途径，所以掀起了TPP、TTIP这种高水平的自由贸易区形式。对于中国来讲，参加TPP难度非常大，因为它提出了关于劳工标准、新的知识产权标准、环境标准和竞争政策，中国目前的发展水平和我们企业难以承受这种开放的压力，但是如果我们不参与，在全球形成新的贸易秩序之后，我们就会被边缘化；如果TPP、TTIP形成之后，中国无异于第二次入世，面临的挑战是巨大的，在这种形势下怎么办，与其被动不如主动，所以我们提出“一带一路”。

“一带一路”是一个泛区域经济合作，就是非常广泛的区域经济合作，涉及64个国家，它搭建了一个新的平台，是一种新的国际合作模式。这种合作模式跟TPP不同的地方是：美国搞任何区域合作，首先要制定规则和标准，美国制定了一个很高的标准，你够得上就上，够不上就下去。而我们搞“一带一路”，没有标准，也没有门槛，任何一个国家在“带”上，不在“带”上，在“路”上，不在“路”上，只要你想参加合作，都可以在这个平台上找到一种适合你的发展模式，或适合你发展水平的合作形式。所以大家看到，我们现在跟澳大利亚、韩国谈 FTA，跟斯里兰卡、马尔代夫等也谈 FTA，只要你想投，我都跟你投。如果你觉得搞 FTA 很困难，我们就搞经济走廊，中蒙欧经济走廊、印中孟缅经济走廊，你觉得我搞经济走廊还困难，我们就搞双边的合作，所以有双边 +、周边 +、FTA 这种混搭多层次的合作模式。作为发展中国家，也想在全球经济一体化过程中分享到好处，想利用国际合作机遇带动自己的发展，那么“一带一路”给它提供这种机遇。习近平主席在 2014 年出访蒙古的时候提出“搭车论”，无论你搭快车还是搭慢车，搭上中国经济发展这班车，就能促进你的发展，所以“一带一路”赢得发展中国家的广泛赞许。

从国内层面，我讲三个方面：第一方面是维护国家安全。2013 年 10 月，国家安全委员会成立，第二年 4 月，召开了国家安全委员会成立以来第一次国家安全工作会议，提出了 11 大安全问题。也就是国家未来的任何战略均服从于安全发展的需要。我们国家的安全形势是非常困难的，2014 年国际关系研究院发布了《中国安全形势报告》，其中很重要的一点，我国现在进出口货物的 80% 和进口原油的 80% 是走马六甲海峡和霍尔木兹海峡。美国 6 把“钥匙”锁全球，其中一把“钥匙”就在这，一旦路上出现问题，我们的进出口货物、进口原油这条通道就会被断掉，国家经济安全就难以维护。海军的力量如果不实行强军计划，未来若干年难以维持这条道路上自身的安全，我们必须另开辟通道，即必须打通陆上通道，形成陆海互动，提高安全性。

第二方面，周边外交问题凸显。2013 年 10 月，召开了新中国成立以来第一次全国周边外交工作座谈会，周边外交工作被提到了前所未有的高度，以前我们也提出过周边外交战略叫“大国是首要，周边是基础，发展中国家是舞台!”但周边外交没有给予足够的重视，所以，我们国家现在周边外交出现非常严峻的形势。周边在大国崛起过程中都是非常重要的，大家看看美国，美国先把加拿大和墨西哥搞定，建立了北美自由贸易区，美国是大陆岛国，一边是太平洋，一边是大西洋，所以 TPP 和 TTIP 就是一个大周边战略。我们再看俄罗斯，俄罗斯为什么在乌克兰问题上坚决不放，承受这么大的压力仍然要坚持，因为乌克兰、白俄罗斯和哈萨克斯坦就是普京强国梦重要的周边依托。在我们提出周边外交战略之后，国外说你一定要有周边经济做支撑，那么“一带一路”就是周边经济战略。

第三方面，推动我们经济的对外开放破解发展难题。大家都知道现在非常流行的一个词“新常态”。经济转型升级，未来怎么通过扩大进一步的对外开放，为转型升级创造条件，是面临的一个非常迫切的问题。我们做了一个分析，我国跟美国、欧盟的贸易额占中国对外贸易额的25%，我们跟“一带一路”国家的贸易额也占了中国对外贸易额的25%，但是“一带一路”国家属于新兴经济体国家，它处于工业化进程之初或者工业化进程之中。国际货币基金组织预测，到2030年，新兴经济体、发展中国家在全球经济中的比重会提升10%；世界贸易组织预测，到2030年新兴经济体、发展中国家在全球货物贸易中的比重也要提升10%。从中国自身的发展经历，我们知道一个国家处于工业化进程之初和工业化进程之中的时候，它的经济增长空间是最大的，我们跟发展中国家合作，它的经济增长空间大，就为我们跟它们的发展提供了更广阔的合作前景，所以我们要从以前的东南沿海对发达国家开放，转向为全方位对外开放。全方位对外开放，我理解为三个层次：一是我们开放的方向上，东西并重，陆海联动；二是在开放的对象国上是发达国家和发展中国家并重；三是在开放的方式上是“引进来”和“走出去”相结合，这就是新时期我们的对外开放的战略。

关于“一带一路”的内涵解读比较多，什么叫“一带一路”？我们的丝绸之路，日本用，美国也用，我们用什么呢？我思来想去应该是用丝绸之路的两大功能，即商贸物流通道和文化交流通道。另外，我觉得“一带一路”应该是一种精神，两大支柱。一种精神是丝路精神，即包容共建、共同发展、互利共赢。大国引领全球很重要的是你的价值观。中国作为发展中国家独特的意识形态决定了我们还难以提出像美国那样的民主价值观，我们以前也提出和谐社会、和谐世界的理念，外国人不是特别认可，他说你们是儒家思想，我们也听不懂，所以我觉得“一带一路”最大的亮点是把我们关于和谐社会共同发展这样一种理念放到丝绸之路这个概念当中，因为丝绸之路是人类共同的遗产，它是为全世界所接受的，一提丝绸之路，你不用做过多的解释，大家都知道它的含义。所以，习总书记在政治局的一次关于全球治理学习会议上，提出全球治理的理念，而且要把这种理念跟全人类的文明，跟中华民族优秀的文明结合在一起。我觉得“一带一路”是这种结合最好的一个范例。

2015 年 4 月，罗马尼亚驻中国大使跟我谈关于丝绸之路、“一带一路”建设。他说，你不搞“一带一路”，我们也搞经贸合作，“一带一路”有什么差别之处？我是协调机制中国委员会的专家，有一次跟德国专家交流的时候，外国专家讲了一句话，他说你们国家领导人出国一谈贸易额翻番，投资额翻番，企业家也说贸易额翻番，投资额翻番，你们为什么从来不谈文化？他的话给了我们很大的触动，所以，我们搞这么多年合作，确实体会到，没钱是不行的，但钱不是万能的。在未来中国崛起的过程中，我们的“软实力”的塑造比经济合作更重要，因为它是我们更大的短板。所以大家关注到，现在无论习主席还是李总理出访的时候，人文交流都是非常重要的一方面，他一定要看美国的橄榄球、英国的足球，一定要参观美国的学校、英国的学校。又如，习主席访问拉美的时候带去了莫言，带去了作协的代表团，这就是我们在加强人文交流。在北京召开的“一带一路”政党论坛、“一带一路”媒体论坛，我看这些都是在试图提升我们的“软实力”。

关于“一带一路”合作框架，在白皮书里面都谈到了，两大网络、五大通道等。这里我只想补充一点，我觉得还有一大网络就是货币权，推动人民币的国际化，打造第三条网络。关于五大通道的问题，我觉得应该增加一条，海上通道应该通到拉美，这跟珠海特别有关系，横琴现在准备做中拉博览会，把拉美拉进来，所以它构造亚非拉第三世界，我们现在的规划里面是没有的，这个平台是毛主席原来提出的亚非拉第三世界。另外就是美国著名的未来学家赖斯比特提出的廊环经济带，也就是整个亚非拉。

“一带一路”确实是一个实现中国梦的非常重要的依托，但它也面临很多的风险和挑战，也有很大的机遇。风险、挑战有五条，机遇有三条。有位专家问我，是不是挑战比机遇更大，我说，只是为了更详细地解读这个挑战是什么。我觉得最大的机遇就是现在全球格局正处于一个调整期，它确实给我们提供了前所未有的机遇。“一带一路”正是在这种背景下提出来的倡议，恰逢其时，我们抓住了一个最好的机遇。另外，习主席说中国自身的发展就是我们最大的机遇，所以，我们还要提高自己的国际竞争力，最终赢得“一带一路”的辉煌，在人类历史上谱写新的篇章。

罗雄飞发言（罗雄飞为江西财经大学经济学院教授）

各位专家、老师们、同学们，大家好！

上午听了报告，还是很有感触。有专家讲道：“一带一路”倡议在国际上有很多的质疑，但是现在国内的学者，只是重复中央的观点，最后个人的独到见解不是很多，质疑性的看法，当然国内的学者可能也不敢质疑。我要补充一点的是国内的学者在重复中央观点的同时，更多的是研究一些具体问题，忙着各个省、各个地区怎么跟“一带一路”对接，国内的研究主要是在这方面。

有专家说得很好，把“一带一路”倡议注解为一种全球化战略，并且跟英国的全球化战略、美国的全球化战略进行了比较，提出了很多的挑战和问题。作为一个全球化战略，他还把它看作一个超长期的战略，把它作为一个可能影响中国上百年的战略，这样来看，“一带一路”倡议与今后中国中短期的经济战略是有区别的，它是一个管上百年的超长期战略，跟我们今后十来年、七八年的中短期战略应该是不一样的。这样一个超长期战略综合性更强，包括外交、政治、文化多方面的内容，经济方面的内容是最主要的。

国内很多搞经济研究的，更多的是把经济发展战略简单地跟“一带一路”倡议对接，把未来经济发展战略更多地理解为在“一带一路”倡议下的对外投资，转移过剩产能，拉动经济出口的战略。如果说这样来理解经济发展战略，跟“一带一路”简单的对接，我就要提出一些质疑。

首先，这样的理解未来的经济发展战略，它有很多的不确定性，从历史来看，我们跟英国不一样，英国是一个殖民主义战略，我们是朝着多方共赢，但是也有相一致的地方，更多是强调生产、产业的发展，更多强调外延式的扩张而不是内生的增长，这些跟“一战”前英国的战略还是有共通的地方。而这种战略，中国跟英国又不一样，英国作为一个殖民帝国，它可以用炮舰政策来推行，我要修中国的铁路，你不让我修，我打你，中国现在只能跟他们商量，说得好听，“包容、共赢”，这里面也有不确定因素，比如我们跟印度尼西亚的高铁，谈来谈去，日本人插一杠，最后有人说我们是白吆喝了，但是不能这么简单理解。我们在斯里兰卡搞一个立足点也是不容易的，我们每走一步都非常艰难。再如，从西亚到南亚，到东南亚，这样一个交通设施的问题，实际上早在五六十年前人们就提出来了，当时提出一个泛亚铁路问题，如果仅仅是投资，翻开地图来看，从东南亚或者从我国西南地区一直到南亚、到中东，就有几条断头线，稍微投资一下连起来，欧洲到东亚就是一个铁路，为什么几根断头线几十年连不上，这里面有很多的复杂因素在里面。

其次，再往北，到了东北亚，不确定因素也是很多的。到中亚，主要是跟俄罗斯的关系，普京把欧亚同盟看得很重，他试图走德国的路或者是欧盟的路，从经济联盟到政治联盟，最后复兴俄罗斯，所以他要求乌克兰向俄罗斯一面倒，就有这样一个政治意图在里面。所以，有一个专家说俄罗斯默许中国对欧亚的主导权，真是太天真了，俄罗斯是有大哥情节的，为什么 1991 年之后，俄罗斯跟西欧关系那么好，但却没法融入西方世界，很大一个原因就是俄罗斯的民族情结，不愿意做二等国家，不愿意跟德国、英国、法国平起平坐，它要跟美国平起平坐，这样一个国家能默认中国对整个欧亚大陆的主导权吗？这是不可能的，它现在是走着瞧。为什么加入亚投行它到最后才加入呢？它有利益考量。

短期来说，如果能搞成功是很好的，但是要搞定不容易。再从长期来说，我还有一个观点是，即便我们短期获得了利益，从长期来说，可能也会有一些副作用。

从历史基因来看，英国的全球化大致可以分两个时期：1860 年以前，更多是由民间资本去推动。1860 年英法条约，更多由政府推动在殖民地和半殖民地强制性的资本输出，这些投资对发达国家也用全球化、自由贸易尽可能去推动，比如 1870 年后，法国的铁路、德国的铁路 35% 都是英国人修的，但是英国人在一二十年之内获得了短期投资收益的同时，应该说它的这种全球化在很大程度上是伴随着英国的衰落，为什么？正是它对法国、德国的大量投资，加速了法国、德国的崛起，使它的地位相对的下降。从长期来看，这次全球经济危机是一个全球经济失衡的危机。在这个危机过后，对整个发达国家有一个再制造业化。发达国家的再制造业化，再加上TPP对我们形成了很大的挑战。这些挑战不但有外部的，也有内部原因，十几年房地产的发展把土地成本和劳动力成本推高了。有人测算了一下，在这种情况下，中国跟美国的制造业成本已经相差无几，包括土地成本比美国高几倍，因为我们的地价都炒上去了，物流成本、劳动力成本我们还是有优势的，综合起来，我们的成本优势比美国可能只差4%～5%的幅度。但如果把环境成本也考虑进去，我们可能就没有什么优势了。在全球经济失衡的条件下，发达国家在推动再制造业化的情况下，我们以出口导向、投资方式拉动的经济方式是难以为继的。我们通过“一带一路”加强了周边相对落后国家的投资，比如印度、南亚是一个重点，但是印度提出了一个如何赶超中国的问题。印度有它的优势，在劳动力方面，现在的年轻劳动力很多，如果中国的生产在若干年有所停滞，印度赶超中国不是梦。有些经济学家简单地把“一带一路”挂钩，简单地认为过剩产能的转移，如果我们过度依赖这样一种战略，七年、十年后，一方面发达国家的再制造业起来了，而我们的出口出不去，另一方面印度的制造业也起来了，整个出口市场都在收缩，竞争对手在增加，到时候就会增加社会经济发展转型的回旋余地和难度。这是从短期来看的不确定性因素。

从理论来看，把这种经济发展战略理解为对外投资转移过剩产能，拉动出口，从“一带一路”简单地衍生出这种对经济发展的理解，这应该说还是现有的经济增长方式的一个派生，一个简单的延续。当然对现有的经济增长方式有没有潜力，还是有一些潜力的，我们要充分挖掘这个潜力，对外出口、对外转移产能，能做得到，我们也要去做。我们不是否定这个东西，但是我们不应该把工作重点放在这方面，应该放在收入分配调整，怎么转变经济增长方式，怎么样充分地激发广大劳动者的积极性，走出一条自主性的、内生增长的发展道路，这种经济增长方式转型，应该更具有重要性和迫切性。

未来的主动权，谁掌握市场，谁就掌握主动权，未来中国不应该靠低工资为世界经济做贡献，而是靠中国人的消费为世界经济做贡献，所以转变经济增长方式，充分发展内生增长，这是我们应该转变的重点。在这方面我们要向西方学习，如何向西方学习，要有一些历史观点。有些人过分瞄准西方进行所谓的对接，我们跟现在的西方是不能对接的，现在的西方、发达国家的今天是中国的明天，发达国家的昨天才是中国的今天，所以中国要学习发达国家，应该学习什么？应该学习“二战”后发达国家怎么实现繁荣，怎么实现黄金时代，1940—1973 年发达国家是怎么在一片废墟当中崛起的。因为中国现在的 14 亿人口比“二战”结束时所有发达国家的人口加起来还多。“二战”后发达国家的转型，实现了 28 年繁荣，中国 14 亿人的消费群体被充分激发出来，不要说 28 年，至少 15 年繁荣没问题。当然这是有条件的，经济危机刚刚发生的时候，我跟某学者讨论过这个问题，当时有两个比较乐观的经济学家，他们跟我刚才说的一样，他们认为中国经济再保持 15 年的高速增长、繁荣没有问题，但我又没有这么乐观，为什么呢？他们用超长期分析，我觉得超长期分析只是分析了一种发展潜力。比如 1879—1973 年，这可以说是一个长周期，但在这个长周期里有多少经济危机？有 1929—1933 年的经济危机，还有第二次世界大战，资本主义走到了崩溃的边缘，所以用长周期分析，分析的只是潜力。这个潜力能不能释放出来，需要制度性改革，需要制度性的转变。只有转变了制度，这种潜在的增长才能转变为现实的增长。所以，中国现在不是说简单地维持投资、出口，怎么样转变过剩产能，中国还需要制度变革，需要让近 14 亿人真正成为一个高收入、高福利、高消费的消费者群。中国人富了，不但拯救中国，而且可以拯救世界。

附录二

推动共建丝绸之路经济带和21世纪海上丝绸之路的愿景与行动

国家发展改革委　外交部　商务部

2015年3月

目录

前言

2000多年前，亚欧大陆上勤劳勇敢的人民，探索出多条连接亚欧非几大文明的贸易和人文交流通路，后人将其统称为“丝绸之路”。千百年来，“和平合作、开放包容、互学互鉴、互利共赢”的丝绸之路精神薪火相传，推进了人类文明进步，是促进沿线各国繁荣发展的重要纽带，是东西方交流合作的象征，是世界各国共有的历史文化遗产。

进入21世纪，在以和平、发展、合作、共赢为主题的新时代，面对复苏乏力的全球经济形势，纷繁复杂的国际和地区局面，传承和弘扬丝绸之路精神更显重要和珍贵。

2013 年 9 月和 10 月，中国国家主席习近平在出访中亚和东南亚国家期间，先后提出共建“丝绸之路经济带”和“21 世纪海上丝绸之路”（以下简称“一带一路”）的重大倡议，得到国际社会高度关注。中国国务院总理李克强参加 2013 年中国—东盟博览会时强调，铺就面向东盟的海上丝绸之路，打造带动腹地发展的战略支点。加快“一带一路”建设，有利于促进沿线各国经济繁荣与区域经济合作，加强不同文明交流互鉴，促进世界和平发展，是一项造福世界各国人民的伟大事业。

“一带一路”建设是一项系统工程，要坚持共商、共建、共享原则，积极推进沿线国家发展战略的相互对接。为推进实施“一带一路”重大倡议，让古丝绸之路焕发新的生机活力，以新的形式使亚欧非各国联系更加紧密，互利合作迈向新的历史高度，中国政府特制定并发布《推动共建丝绸之路经济带和 21 世纪海上丝绸之路的愿景与行动》。

一、时代背景

当今世界正发生复杂深刻的变化，国际金融危机深层次影响继续显现，世界经济缓慢复苏、发展分化，国际投资贸易格局和多边投资贸易规则酝酿深刻调整，各国面临的发展问题依然严峻。共建“一带一路”顺应世界多极化、经济全球化、文化多样化、社会信息化的潮流，秉持开放的区域合作精神，致力于维护全球自由贸易体系和开放型世界经济。共建“一带一路”旨在促进经济要素有序自由流动、资源高效配置和市场深度融合，推动沿线各国实现经济政策协调，开展更大范围、更高水平、更深层次的区域合作，共同打造开放、包容、均衡、普惠的区域经济合作架构。共建“一带一路”符合国际社会的根本利益，彰显人类社会共同理想和美好追求，是国际合作以及全球治理新模式的积极探索，将为世界和平发展增添新的正能量。

共建“一带一路”致力于亚欧非大陆及附近海洋的互联互通，建立和加强沿线各国互联互通伙伴关系，构建全方位、多层次、复合型的互联互通网络，实现沿线各国多元、自主、平衡、可持续的发展。“一带一路”的互联互通项目将推动沿线各国发展战略的对接与耦合，发掘区域内市场的潜力，促进投资和消费，创造需求和就业，增进沿线各国人民的人文交流与文明互鉴，让各国人民相逢相知、互信互敬，共享和谐、安宁、富裕的生活。

当前，中国经济和世界经济高度关联。中国将一以贯之地坚持对外开放的基本国策，构建全方位开放新格局，深度融入世界经济体系。推进“一带一路”建设既是中国扩大和深化对外开放的需要，也是加强和亚欧非及世界各国互利合作的需要，中国愿意在力所能及的范围内承担更多责任义务，为人类和平发展做出更大的贡献。

二、共建原则

恪守联合国宪章的宗旨和原则。遵守和平共处五项原则，即尊重各国主权和领土完整、互不侵犯、互不干涉内政、和平共处、平等互利。

坚持开放合作。“一带一路”相关的国家基于但不限于古代丝绸之路的范围，各国和国际、地区组织均可参与，让共建成果惠及更广泛的区域。

坚持和谐包容。倡导文明宽容，尊重各国发展道路和模式的选择，加强不同文明之间的对话，求同存异、兼容并蓄、和平共处、共生共荣。

坚持市场运作。遵循市场规律和国际通行规则，充分发挥市场在资源配置中的决定性作用和各类企业的主体作用，同时发挥好政府的作用。

坚持互利共赢。兼顾各方利益和关切，寻求利益契合点和合作最大公约数，体现各方智慧和创意，各施所长，各尽所能，把各方优势和潜力充分发挥出来。

三、框架思路

“一带一路”是促进共同发展、实现共同繁荣的合作共赢之路，是增进理解信任、加强全方位交流的和平友谊之路。中国政府倡议，秉持和平合作、开放包容、互学互鉴、互利共赢的理念，全方位推进务实合作，打造政治互信、经济融合、文化包容的利益共同体、命运共同体和责任共同体。

“一带一路”贯穿亚欧非大陆，一头是活跃的东亚经济圈，一头是发达的欧洲经济圈，中间广大腹地国家经济发展潜力巨大。丝绸之路经济带重点畅通中国经中亚、俄罗斯至欧洲（波罗的海）；中国经中亚、西亚至波斯湾、地中海；中国至东南亚、南亚、印度洋。21世纪海上丝绸之路重点方向是从中国沿海港口过南海到印度洋，延伸至欧洲；从中国沿海港口过南海到南太平洋。

根据“一带一路”走向，陆上依托国际大通道，以沿线中心城市为支撑，以重点经贸产业园区为合作平台，共同打造新亚欧大陆桥、中蒙俄、中国—中亚—西亚、中国—中南半岛等国际经济合作走廊；海上以重点港口为节点，共同建设通畅安全高效的运输大通道。中巴、孟中印缅两个经济走廊与推进“一带一路”建设关联紧密，要进一步推动合作，取得更大进展。

“一带一路”建设是沿线各国开放合作的宏大经济愿景，需各国携手努力，朝着互利互惠、共同安全的目标相向而行。努力实现区域基础设施更加完善，安全高效的陆海空通道网络基本形成，互联互通达到新水平；投资贸易便利化水平进一步提升，高标准自由贸易区网络基本形成，经济联系更加紧密，政治互信更加深入；人文交流更加广泛深入，不同文明互鉴共荣，各国人民相知相交、和平友好。

四、合作重点

沿线各国资源禀赋各异，经济互补性较强，彼此合作潜力和空间很大。以政策沟通、设施联通、贸易畅通、资金融通、民心相通为主要内容，重点在以下方面加强合作。

政策沟通。加强政策沟通是“一带一路”建设的重要保障。加强政府间合作，积极构建多层次政府间宏观政策沟通交流机制，深化利益融合，促进政治互信，达成合作新共识。沿线各国可以就经济发展战略和对策进行充分交流对接，共同制定推进区域合作的规划和措施，协商解决合作中的问题，共同为务实合作及大型项目实施提供政策支持。

设施联通。基础设施互联互通是“一带一路”建设的优先领域。在尊重相关国家主权和安全关切的基础上，沿线国家宜加强基础设施建设规划、技术标准体系的对接，共同推进国际骨干通道建设，逐步形成连接亚洲各次区域以及亚欧非之间的基础设施网络。强化基础设施绿色低碳化建设和运营管理，在建设中充分考虑气候变化影响。

抓住交通基础设施的关键通道、关键节点和重点工程，优先打通缺失路段，畅通瓶颈路段，配套完善道路安全防护设施和交通管理设施设备，提升道路通达水平。推进建立统一的全程运输协调机制，促进国际通关、换装、多式联运有机衔接，逐步形成兼容规范的运输规则，实现国际运输便利化。推动口岸基础设施建设，畅通陆水联运通道，推进港口合作建设，增加海上航线和班次，加强海上物流信息化合作。拓展建立民航全面合作的平台和机制，加快提升航空基础设施水平。

加强能源基础设施互联互通合作，共同维护输油、输气管道等运输通道安全，推进跨境电力与输电通道建设，积极开展区域电网升级改造合作。

共同推进跨境光缆等通信干线网络建设，提高国际通信互联互通水平，畅通信息丝绸之路。加快推进双边跨境光缆等建设，规划建设洲际海底光缆项目，完善空中（卫星）信息通道，扩大信息交流与合作。

贸易畅通。投资贸易合作是“一带一路”建设的重点内容。宜着力研究解决投资贸易便利化问题，消除投资和贸易壁垒，构建区域内和各国良好的营商环境，积极同沿线国家和地区共同商建自由贸易区，激发释放合作潜力，做大做好合作“蛋糕”。

沿线国家宜加强信息互换、监管互认、执法互助的海关合作，以及检验检疫、认证认可、标准计量、统计信息等方面的双多边合作，推动世界贸易组织《贸易便利化协定》生效和实施。改善边境口岸通关设施条件，加快边境口岸“单一窗口”建设，降低通关成本，提升通关能力。加强供应链安全与便利化合作，推进跨境监管程序协调，推动检验检疫证书国际互联网核查，开展“经认证的经营者”（AEO）互认。降低非关税壁垒，共同提高技术性贸易措施透明度，提高贸易自由化便利化水平。

拓宽贸易领域，优化贸易结构，挖掘贸易新增长点，促进贸易平衡。创新贸易方式，发展跨境电子商务等新的商业业态。建立健全服务贸易促进体系，巩固和扩大传统贸易，大力发展现代服务贸易。把投资和贸易有机结合起来，以投资带动贸易发展。

加快投资便利化进程，消除投资壁垒。加强双边投资保护协定、避免双重征税协定磋商，保护投资者的合法权益。

拓展相互投资领域，开展农林牧渔业、农机及农产品生产加工等领域深度合作，积极推进海水养殖、远洋渔业、水产品加工、海水淡化、海洋生物制药、海洋工程技术、环保产业和海上旅游等领域合作。加大煤炭、油气、金属矿产等传统能源资源勘探开发合作，积极推动水电、核电、风电、太阳能等清洁、可再生能源合作，推进能源资源就地就近加工转化合作，形成能源资源合作上下游一体化产业链。加强能源资源深加工技术、装备与工程服务合作。

推动新兴产业合作，按照优势互补、互利共赢的原则，促进沿线国家加强在新一代信息技术、生物、新能源、新材料等新兴产业领域的深入合作，推动建立创业投资合作机制。

优化产业链分工布局，推动上下游产业链和关联产业协同发展，鼓励建立研发、生产和营销体系，提升区域产业配套能力和综合竞争力。扩大服务业相互开放，推动区域服务业加快发展。探索投资合作新模式，鼓励合作建设境外经贸合作区、跨境经济合作区等各类产业园区，促进产业集群发展。在投资贸易中突出生态文明理念，加强生态环境、生物多样性和应对气候变化合作，共建绿色丝绸之路。

中国欢迎各国企业来华投资。鼓励本国企业参与沿线国家基础设施建设和产业投资。促进企业按属地化原则经营管理，积极帮助当地发展经济、增加就业、改善民生，主动承担社会责任，严格保护生物多样性和生态环境。

资金融通。资金融通是“一带一路”建设的重要支撑。深化金融合作，推进亚洲货币稳定体系、投融资体系和信用体系建设。扩大沿线国家双边本币互换、结算的范围和规模。推动亚洲债券市场的开放和发展。共同推进亚洲基础设施投资银行、金砖国家新开发银行筹建，有关各方就建立上海合作组织融资机构开展磋商。加快丝路基金组建运营。深化中国—东盟银行联合体、上合组织银行联合体务实合作，以银团贷款、银行授信等方式开展多边金融合作。支持沿线国家政府和信用等级较高的企业以及金融机构在中国境内发行人民币债券。符合条件的中国境内金融机构和企业可以在境外发行人民币债券和外币债券，鼓励在沿线国家使用所筹资金。

加强金融监管合作，推动签署双边监管合作谅解备忘录，逐步在区域内建立高效监管协调机制。完善风险应对和危机处置制度安排，构建区域性金融风险预警系统，形成应对跨境风险和危机处置的交流合作机制。加强征信管理部门、征信机构和评级机构之间的跨境交流与合作。充分发挥丝路基金以及各国主权基金作用，引导商业性股权投资基金和社会资金共同参与“一带一路”重点项目建设。

民心相通。民心相通是“一带一路”建设的社会根基。传承和弘扬丝绸之路友好合作精神，广泛开展文化交流、学术往来、人才交流合作、媒体合作、青年和妇女交往、志愿者服务等，为深化双多边合作奠定坚实的民意基础。

扩大相互间留学生规模，开展合作办学，中国每年向沿线国家提供1万个政府奖学金名额。沿线国家间互办文化年、艺术节、电影节、电视周和图书展等活动，合作开展广播影视剧精品创作及翻译，联合申请世界文化遗产，共同开展世界遗产的联合保护工作。深化沿线国家间人才交流合作。

加强旅游合作，扩大旅游规模，互办旅游推广周、宣传月等活动，联合打造具有丝绸之路特色的国际精品旅游线路和旅游产品，提高沿线各国游客签证便利化水平。推动21世纪海上丝绸之路邮轮旅游合作。积极开展体育交流活动，支持沿线国家申办重大国际体育赛事。

强化与周边国家在传染病疫情信息沟通、防治技术交流、专业人才培养等方面的合作，提高合作处理突发公共卫生事件的能力。为有关国家提供医疗援助和应急医疗救助，在妇幼健康、残疾人康复以及艾滋病、结核、疟疾等主要传染病领域开展务实合作，扩大在传统医药领域的合作。

加强科技合作，共建联合实验室（研究中心）、国际技术转移中心、海上合作中心，促进科技人员交流，合作开展重大科技攻关，共同提升科技创新能力。

整合现有资源，积极开拓和推进与沿线国家在青年就业、创业培训、职业技能开发、社会保障管理服务、公共行政管理等共同关心领域的务实合作。

充分发挥政党、议会交往的桥梁作用，加强沿线国家之间立法机构、主要党派和政治组织的友好往来。开展城市交流合作，欢迎沿线国家重要城市之间互结友好城市，以人文交流为重点，突出务实合作，形成更多鲜活的合作范例。欢迎沿线国家智库之间开展联合研究、合作举办论坛等。

加强沿线国家民间组织的交流合作，重点面向基层民众，广泛开展教育医疗、减贫开发、生物多样性和生态环保等各类公益慈善活动，促进沿线贫困地区生产生活条件改善。加强文化传媒的国际交流合作，积极利用网络平台，运用新媒体工具，塑造和谐友好的文化生态和舆论环境。

五、合作机制

当前，世界经济融合加速发展，区域合作方兴未艾。积极利用现有双多边合作机制，推动“一带一路”建设，促进区域合作蓬勃发展。

加强双边合作，开展多层次、多渠道沟通磋商，推动双边关系全面发展。推动签署合作备忘录或合作规划，建设一批双边合作示范。建立完善双边联合工作机制，研究推进“一带一路”建设的实施方案、行动路线图。充分发挥现有联委会、混委会、协委会、指导委员会、管理委员会等双边机制作用，协调推动合作项目实施。

强化多边合作机制作用，发挥上海合作组织（SCO）、中国—东盟“10+1”、亚太经合组织（APEC）、亚欧会议（ASEM）、亚洲合作对话（ACD）、亚信会议（CICA）、中阿合作论坛、中国—海合会战略对话、大湄公河次区域（GMS）经济合作、中亚区域经济合作（CAREC）等现有多边合作机制作用，相关国家加强沟通，让更多国家和地区参与“一带一路”建设。

继续发挥沿线各国区域、次区域相关国际论坛、展会以及博鳌亚洲论坛、中国—东盟博览会、中国—亚欧博览会、欧亚经济论坛、中国国际投资贸易洽谈会，以及中国—南亚博览会、中国—阿拉伯博览会、中国西部国际博览会、中国—俄罗斯博览会、前海合作论坛等平台的建设性作用。支持沿线国家地方、民间挖掘“一带一路”历史文化遗产，联合举办专项投资、贸易、文化交流活动，办好丝绸之路（敦煌）国际文化博览会、丝绸之路国际电影节和图书展。倡议建立“一带一路”国际高峰论坛。

六、中国各地方开放态势

推进“一带一路”建设，中国将充分发挥国内各地区比较优势，实行更加积极主动的开放战略，加强东中西互动合作，全面提升开放型经济水平。

西北、东北地区。发挥新疆独特的区位优势和向西开放重要窗口作用，深化与中亚、南亚、西亚等国家交流合作，形成丝绸之路经济带上重要的交通枢纽、商贸物流和文化科教中心，打造丝绸之路经济带核心区。发挥陕西、甘肃综合经济文化和宁夏、青海民族人文优势，打造西安内陆型改革开放新高地，加快兰州、西宁开发开放，推进宁夏内陆开放型经济试验区建设，形成面向中亚、南亚、西亚国家的通道、商贸物流枢纽、重要产业和人文交流基地。发挥内蒙古联通俄蒙的区位优势，完善黑龙江对俄铁路通道和区域铁路网，以及黑龙江、吉林、辽宁与俄远东地区陆海联运合作，推进构建北京—莫斯科欧亚高速运输走廊，建设向北开放的重要窗口。

西南地区。发挥广西与东盟国家陆海相邻的独特优势，加快北部湾经济区和珠江—西江经济带开放发展，构建面向东盟区域的国际通道，打造西南、中南地区开放发展新的战略支点，形成21世纪海上丝绸之路与丝绸之路经济带有机衔接的重要门户。发挥云南区位优势，推进与周边国家的国际运输通道建设，打造大湄公河次区域经济合作新高地，建设成为面向南亚、东南亚的辐射中心。推进西藏与尼泊尔等国家边境贸易和旅游文化合作。

沿海和港澳台地区。利用长三角、珠三角、海峡西岸、环渤海等经济区开放程度高、经济实力强、辐射带动作用大的优势，加快推进中国（上海）自由贸易试验区建设，支持福建建设21世纪海上丝绸之路核心区。充分发挥深圳前海、广州南沙、珠海横琴、福建平潭等开放合作区作用，深化与港澳台合作，打造粤港澳大湾区。推进浙江海洋经济发展示范区、福建海峡蓝色经济试验区和舟山群岛新区建设，加大海南国际旅游岛开发开放力度。加强上海、天津、宁波—舟山、广州、深圳、湛江、汕头、青岛、烟台、大连、福州、厦门、泉州、海口、三亚等沿海城市港口建设，强化上海、广州等国际枢纽机场功能。以扩大开放倒逼深层次改革，创新开放型经济体制机制，加大科技创新力度，形成参与和引领国际合作竞争新优势，成为“一带一路”特别是21世纪海上丝绸之路建设的排头兵和主力军。发挥海外侨胞以及香港、澳门特别行政区独特优势作用，积极参与和助力“一带一路”建设。为台湾地区参与“一带一路”建设做出妥善安排。

内陆地区。利用内陆纵深广阔、人力资源丰富、产业基础较好优势，依托长江中游城市群、成渝城市群、中原城市群、呼包鄂榆城市群、哈长城市群等重点区域，推动区域互动合作和产业集聚发展，打造重庆西部开发开放重要支撑和成都、郑州、武汉、长沙、南昌、合肥等内陆开放型经济高地。加快推动长江中上游地区和俄罗斯伏尔加河沿岸联邦区的合作。建立中欧通道铁路运输、口岸通关协调机制，打造“中欧班列”品牌，建设沟通境内外、连接东中西的运输通道。支持郑州、西安等内陆城市建设航空港、国际陆港，加强内陆口岸与沿海、沿边口岸通关合作，开展跨境贸易电子商务服务试点。优化海关特殊监管区域布局，创新加工贸易模式，深化与沿线国家的产业合作。

七、中国积极行动

一年多来，中国政府积极推动“一带一路”建设，加强与沿线国家的沟通磋商，推动与沿线国家的务实合作，实施了一系列政策措施，努力收获早期成果。

高层引领推动。习近平主席、李克强总理等国家领导人先后出访20多个国家，出席加强互联互通伙伴关系对话会、中阿合作论坛第六届部长级会议，就双边关系和地区发展问题，多次与有关国家元首和政府首脑进行会晤，深入阐释“一带一路”的深刻内涵和积极意义，就共建“一带一路”达成广泛共识。

签署合作框架。与部分国家签署了共建“一带一路”合作备忘录，与一些毗邻国家签署了地区合作和边境合作的备忘录以及经贸合作中长期发展规划。研究编制与一些毗邻国家的地区合作规划纲要。

推动项目建设。加强与沿线有关国家的沟通磋商，在基础设施互联互通、产业投资、资源开发、经贸合作、金融合作、人文交流、生态保护、海上合作等领域，推进了一批条件成熟的重点合作项目。

完善政策措施。中国政府统筹国内各种资源，强化政策支持。推动亚洲基础设施投资银行筹建，发起设立丝路基金，强化中国—欧亚经济合作基金投资功能。推动银行卡清算机构开展跨境清算业务和支付机构开展跨境支付业务。积极推进投资贸易便利化，推进区域通关一体化改革。

发挥平台作用。各地成功举办了一系列以“一带一路”为主题的国际峰会、论坛、研讨会、博览会，对增进理解、凝聚共识、深化合作发挥了重要作用。

八、共创美好未来

共建“一带一路”是中国的倡议，也是中国与沿线国家的共同愿望。站在新的起点上，中国愿与沿线国家一道，以共建“一带一路”为契机，平等协商，兼顾各方利益，反映各方诉求，携手推动更大范围、更高水平、更深层次的大开放、大交流、大融合。“一带一路”建设是开放的、包容的，欢迎世界各国和国际、地区组织积极参与。

共建“一带一路”的途径是以目标协调、政策沟通为主，不刻意追求一致性，可高度灵活，富有弹性，是多元开放的合作进程。中国愿与沿线国家一道，不断充实完善“一带一路”的合作内容和方式，共同制定时间表、路线图，积极对接沿线国家发展和区域合作规划。

中国愿与沿线国家一道，在既有双多边和区域次区域合作机制框架下，通过合作研究、论坛展会、人员培训、交流访问等多种形式，促进沿线国家对共建“一带一路”内涵、目标、任务等方面的进一步理解和认同。

中国愿与沿线国家一道，稳步推进示范项目建设，共同确定一批能够照顾双多边利益的项目，对各方认可、条件成熟的项目抓紧启动实施，争取早日开花结果。

“一带一路”是一条互尊互信之路，一条合作共赢之路，一条文明互鉴之路。只要沿线各国和衷共济、相向而行，就一定能够谱写建设丝绸之路经济带和21世纪海上丝绸之路的新篇章，让沿线各国人民共享“一带一路”共建成果。

后　记

北京师范大学珠海分校物流学院、中国流通经济杂志社、南方物流研究院三家单位联合举办的“一带一路”与我国国际物流新战略学术研讨会，于2015年10月24日在广东省珠海市召开，来自大陆及台港澳的50多位专家就“一带一路”倡议下有关我国国际物流面临的新机遇和新挑战问题，进行了深入交流与讨论。

现将有关专家提交的会议论文和部分专家在学术讨论会上的发言编辑成册，并出版发行，以飨读者。尽管我们做了努力，但难免存在这样那样的不足，恳请广大读者批评指正。

编者

2016年7月18日